HARRAP

FRENCH VERBS

Compiled by
LEXUS

with
Sabine Citron

D1340016

HARRAP

First published in Great Britain 1987
by Chambers Harrap Publishers Ltd
7 Hopetoun Crescent, Edinburgh EH7 4AY

© Chambers Harrap Publishers Ltd 1987

ISBN 0245 60639 4

Reprinted 1988 (twice), 1990 (four times), 1991,
1992 (twice), 1993, 1994, 1996 (twice), 1998, 1999

UTHOR

Printed in Great Britain by Clays Ltd, St Ives plc

INTRODUCTION

THE MAIN VERB CATEGORIES

There are three main conjugations in French, distinguished by the ending of their infinitive:

     A. verbs in -ER
     B. verbs in -IR
     C. verbs in -RE

A.   FIRST CONJUGATION: VERBS IN -ER

Most of these follow the pattern of **chanter** ('to sing'), which is given in full in table 31. But see below **D.** for standard irregularities.

B.   SECOND CONJUGATION: VERBS IN -IR

Most of these follow the pattern of **finir** ('to finish'), which is given in full in table 92.

C.   THIRD CONJUGATION: VERBS IN -RE

These follow several different patterns, to which the INDEX will refer you.

D. STANDARD IRREGULARITIES OF THE FIRST CONJUGATION

1. *Verbs in -cer*
    These require a cedilla under the c before an **a** or an **o** to preserve the soft sound of the c. The model for these verbs is **commencer** ('to begin'), given in full in table 34. For example:

    > **je commence** *but* **nous commençons**
    > **nous commencions** *but* **je commençais**

2. *Verbs in -ger*
    These require an **e** after the g before an **a** or an **o** to preserve the soft sound of the **g**. The model for these verbs is **manger** ('to eat'), given in full in table 116. For example:

    > **je mange** *but* **nous mangeons**
    > **nous mangions** *but* **je mangeais**

3. *Verbs in -eler*
    Some of these double the **l** before a silent **e** (changing -el- to -ell-). The model for these verbs is **appeler** ('to call'), given in full in table 14. For example:

    > **j'appelle** *but* **vous appelez**
    > **il appellera** *but* **il appela**

    Others change -el- to -èl- before a silent **e**. The model for these verbs is **peler** ('to peel'), given in full in table 142. For example:

    > **je pèle** *but* **je pelai**
    > **il pèlera** *but* **il pelait**

    By consulting the INDEX you can find out which pattern a particular verb follows.

4. *Verbs in -eter*
    Some of these double the **t** before a silent **e** (changing -et- to -ett-). The model for these verbs is **jeter** ('to throw'), given in full in table 108. For example:

    > **je jette** *but* **je jetais**
    > **il jettera** *but* **il jeta**

    Others change -et- to -èt- before a silent **e**. The model for these verbs is **acheter** ('to buy'), given in full in table 3. For example:

VERB TABLES

1

ACCROÎTRE
to increase

PRESENT
j'accrois
tu accrois
il accroît
nous accroissons
vous accroissez
ils accroissent

IMPERFECT
j'accroissais
tu accroissais
il accroissait
nous accroissions
vous accroissiez
ils accroissaient

FUTURE
j'accroîtrai
tu accroîtras
il accroîtra
nous accroîtrons
vous accroîtrez
ils accroîtront

PAST HISTORIC
j'accrus
tu accrus
il accrut
nous accrûmes
vous accrûtes
ils accrurent

PERFECT
j'ai accru
tu as accru
il a accru
nous avons accru
vous avez accru
ils ont accru

PLUPERFECT
j'avais accru
tu avais accru
il avait accru
nous avions accru
vous aviez accru
ils avaient accru

PAST ANTERIOR
j'eus accru etc

FUTURE PERFECT
j'aurai accru etc

IMPERATIVE

accrois
accroissons
accroissez

CONDITIONAL

PRESENT
j'accroîtrais
tu accroîtrais
il accroîtrait
nous accroîtrions
vous accroîtriez
ils accroîtraient

PAST
j'aurais accru
tu aurais accru
il aurait accru
nous aurions accru
vous auriez accru
ils auraient accru

SUBJUNCTIVE
PRESENT
j'accroisse
tu accroisses
il accroisse
nous accroissions
vous accroissiez
ils accroissent

IMPERFECT
j'accrusse
tu accrusses
il accrût
nous accrussions
vous accrussiez
ils accrussent

PERFECT
j'aie accru
tu aies accru
il ait accru
nous ayons accru
vous ayez accru
ils aient accru

INFINITIVE
PRESENT
accroître

PAST
avoir accru

PARTICIPLE
PRESENT
accroissant

PAST
accru

j'achète *but* **j'achetai**
vous achèterez *but* **vous achetiez**

By consulting the INDEX you can find out which pattern a
particular verb follows.

5. *Verbs in e + consonant + er*, namely -ecer, -emer, -ener,
-eser and -ever, as well as -evrer, follow the general pattern of
acheter and **peler**, changing their -e- to -è- before a silent e.
Individual models for these verbs are given in the tables:
dépecer (58), **semer** (185), **mener** (119), **peser** (146), **élever**
(73), **sevrer** (190). For example:

je pèse *but* **je pesais**
nous mènerons *but* **nous menions**

6. *Verbs in é + consonant + er*, namely -écer, -éder, -éger, -éler,
-émer, -éner, -érer, -éser and -éter, as well as -ébrer, -écher,
-écrer, -égler, -égner, -égrer, -éguer, -équer and -étrer,
change the -é- to -è- before a silent e in the present indicative
and subjunctive, but not in the future and conditional. Models
for these verbs are given in the tables: **rapiécer** (165), **céder**
(29), **protéger** (163), **révéler** (178), **écrémer** (71), **réfréner**
(167), **préférer** (156), **léser** (114), **compléter** (35), **célébrer**
(30), **sécher** (184), **exécrer** (88), **régler** (168), **régner** (169),
intégrer (104), **léguer** (113), **disséquer** (64), **pénétrer** (143).
For example:

je préfère *but* **je préférerai**
il célèbre *but* **il célébrerait**

7. *Verbs in -oyer and -uyer*
The y changes to i before a silent e. The models for these verbs
are **nettoyer** (129) and **ennuyer** (78). For example:

je nettoierai *but* **je nettoyais**
tu ennuie *but* **tu ennuya**

8. NOTE: Verbs in **-ayer** (like **payer**, 140) do not generally change
the y to i, although this spelling also exists.

USE OF TENSES

A. INDICATIVE

1. *PRESENT*

The present is used to describe a current state of affairs or an action taking place at the time of speaking:

> **il *travaille* dans un bureau**
> he *works* in an office

> **ne le dérangez pas, il *travaille***
> don't disturb him, he *is working*

It can also be used to express the immediate future:

> **je *pars* demain**
> I'*m leaving* tomorrow

2. *IMPERFECT*

The imperfect is a past tense used to express what someone was doing or what someone used to do or to describe something in the past. The imperfect refers particularly to something that *continued* over a period of time, as opposed to something that happened at a specific point in time:

> **il *prenait* un bain quand le téléphone a sonné**
> he *was having* a bath when the phone rang

> **je le *voyais* souvent quand il habitait dans le quartier**
> I *used to see* him often when he lived in this area

> **elle *portait* une robe bleue**
> she *was wearing* a blue dress

3. *PERFECT*

The perfect is a compound past tense, used to express *single* actions which have been completed, ie what someone did or what someone has done/has been doing or something that has happened or has been happening:

> **je lui *ai écrit* lundi**
> I *wrote* to him on Monday

j'*ai lu* toute la journée
I'*ve been reading* all day

NOTE: In English, the simple past ('did', 'went', 'prepared') is used to describe both single and repeated actions in the past. In French, the perfect only describes single actions in the past, while repeated actions are expressed with the imperfect. Thus 'I went' should be translated '**j'allais**' or '**je suis allé**' depending on the nature of the action:

après dîner, je *suis allé* en ville
after dinner, I *went* to town

l'an dernier, j'*allais* plus souvent au cinéma
last year, I *went* to the pictures more often

4. *PAST HISTORIC*
This tense is used in the same way as the perfect tense, to describe a single, completed action in the past (what someone did or something that happened). It is a *literary* tense, not used in everyday spoken French. It is mainly found in *written* form as a narrative tense:

le piéton ne *vit* pas arriver la voiture
the pedestrian *didn't see* the car coming

5. *PLUPERFECT*
This compound tense is used to express what someone had done/had been doing or something that had happened or had been happening:

elle était essoufflée parce qu'elle *avait couru*
she was out of breath because she *had been running*

6. *FUTURE*
This tense is used to express what someone will do or will be doing or something that will happen or will be happening:

je *ferai* la vaisselle demain
I'*ll wash up* tomorrow

7. *PAST ANTERIOR*
This tense is used instead of the pluperfect tense to express an action that preceded another action in the past (ie a past in the

past). It is usually introduced by a conjunction of time (translated by 'when', 'as soon as', 'after' etc):

il se coucha dès qu'ils *furent partis*
he went to bed as soon as they *had left*

8. *FUTURE PERFECT*

This compound tense is used to describe what someone will have done/will have been doing in the future or to describe something that will have happened in the future:

appelle-moi quand tu *auras fini*
call me when you'*ve finished*

B. IMPERATIVE

The imperative is used to give orders:

mange ta soupe !	eat your soup!
n'aie pas peur !	don't be afraid!
partons !	let's go!
entrez !	come in!

C. CONDITIONAL

1. *CONDITIONAL PRESENT*

This tense is used to describe what someone would do or would be doing or what would happen (if something else were to happen):

si j'étais riche, j'*achèterais* un château
if I were rich, I *would buy* a castle

It is also used in indirect questions or reported speech instead of the future:

il ne m'a pas dit s'il *viendrait*
he didn't tell me whether he *would come*

2. *PAST CONDITIONAL*

This tense is used to express what someone would have done or would have been doing or what would have happened:

si j'avais su, j'*aurais apporté* du pain
if I had known, I *would have brought* some bread

D. SUBJUNCTIVE

The subjunctive is used to express doubts, wishes, necessity etc. It appears only in subordinate clauses and is introduced by the conjunction *que*.

1. *PRESENT SUBJUNCTIVE*

   il veut que je *parte*
   he wants me *to go away*

   il faut que tu *restes* ici
   you have *to stay* here

2. *IMPERFECT SUBJUNCTIVE*
   The imperfect subjunctive, used in past subordinate clauses, is very rare in conversation and is mainly found in literature or in texts of a formal nature

   je craignais qu'il ne *se fachât*
   I was afraid that he *would get angry*

3. *PERFECT SUBJUNCTIVE*
   The past subjunctive is used when the action expressed in the subordinate clause happens before another action:

   je veux que tu *aies terminé* quand je reviendrai
   I want you to *be finished* when I come back

E. INFINITIVE

1. *PRESENT INFINITIVE*
   This is the basic form of the verb. It is recognized by its ending, which is found in three forms corresponding to the three conjugations: **-er, -ir, -re.**
   These endings give the verb the meaning 'to ...':

acheter	to buy
choisir	to choose
vendre	to sell

2. *PAST INFINITIVE*
   The past infinitive is used instead of the present infinitive when the action expressed by the infinitive happens before the main

action or before what is referred to by the main verb:

> **je regrette d'*avoir menti***
> I'm sorry I *lied* (for *having lied*)

F.   PARTICIPLE

1. *PRESENT PARTICIPLE*
   This corresponds to the English participle in *-ing* ('eating'), but
   is less commonly used (French prefers constructions with the
   infinitive):

   > **en marchant**
   > while walking

2. *PAST PARTICIPLE*
   This translates the English past participle ('eaten', 'arrived') and
   is used to form all the compound tenses:

   > **un pneu *crevé***
   > a *burst* tyre

   > **j'ai trop *mangé***
   > I've *eaten* too much

   For rules governing the agreement of the past participle, see
   pages xv-xvi.

THE AUXILIARIES 'ETRE' AND 'AVOIR' IN COMPOUND TENSES

Compound tenses of verbs — such as the past historic, the pluperfect etc — are formed by using the appropriate form of the auxiliary verbs '**avoir**' or '**être**' and the past participle of the main verb:

> **il a perdu**
> he lost

> **je suis parti**
> I left

AUXILIARY 'AVOIR' OR 'ETRE'?

1. *'AVOIR'* is used to form the compound tenses of most verbs.

2. *'ETRE'* is used to form the compound tenses of:

a. reflexive verbs:

> **je me *suis* baigné**
> I had a bath

> **ils se *sont* rencontrés à Paris**
> they met in Paris

b. the following verbs (mainly verbs of motion):

aller	to go
arriver	to arrive
descendre	to go/come down
devenir	to become
entrer	to go/come in
monter	to go/come up
mourir	to die
naître	to be born
partir	to go away
passer	to pass, to go through
rentrer	to go in/home

rester	to stay
retourner	to go back
sortir	to go/come out
tomber	to fall
venir	to come

and most of their compounds (eg **repartir**, **survenir** etc).
Some of these verbs can be used transitively, ie with a direct
object (taking on a different meaning). They are then
conjugated with '**avoir**':

il *est* sorti par la fenêtre
he went out through the window

but

il *a* sorti un mouchoir de sa poche
he took a handkerchief from his pocket

elle *est* retournée en France
she's gone back to France

but

elle *a* retourné la lettre à l'expéditeur
she returned the letter to the sender

In the INDEX, verbs are always cross-referenced to a verb
taking the same auxiliary, unless otherwise stated in a footnote.

AGREEMENT OF THE PAST PARTICIPLE

A. USE AS AN ADJECTIVE

When it is used as an adjective, the past participle always agrees with the noun or pronoun it refers to:

> une pomme *pourrie*
> a rotten apple

> ils étaient *fatigués*
> they were tired

B. IN COMPOUND TENSES

1. *WITH THE AUXILIARY 'AVOIR'*

   With the auxiliary '**avoir**' the past participle does not normally change:

   > elles ont *mangé* des frites
   > they ate some chips

   The past participle only agrees in number and gender with the direct object when the direct object comes *before* the participle, ie in the following cases:

a. *in a clause introduced by the relative pronoun* 'que'

   > la valise qu'il a *perdue*
   > the suitcase he lost

b. *with a direct object pronoun*

   > ta lettre ? je l'ai *reçue* hier
   > your letter? I got it yesterday

c. *in a clause introduced by* '**combien de**', '**quel**', '**quelle**' *etc, or* '**lequel**', '**laquelle**' *etc*

   > combien de pays as-tu *visités?*
   > how many countries did you visit?

2. WITH THE AUXILIARY 'ETRE'
    In the following cases the past participle agrees with the subject
    of the verb:

a. *ordinary verbs with 'être'*

> **elle était déjà *partie***
> she had already left

b. *the passive*

> **les voleurs ont été *arrêtés***
> the thieves have been arrested

c. *reflexive verbs*
    The past participle of reflexive verbs agrees with the subject of
    the verb:

> **Marie s'est *endormie***
> Marie fell asleep

> **ils se sont *disputés***
> they had an argument

BUT when the reflexive pronoun is an *indirect object*, the past
    participle does not agree with the subject of the verb:

> **elles se sont *écrit***
> they wrote to each other

This is also the case where parts of the body are mentioned:

> **elle s'est *lavé* les cheveux**
> she washed her hair

THE PASSIVE

The passive is used when the subject of the verb does not perform the action, but is subjected to it, eg:

> the house *has been sold*
>
> he *was made* redundant

Passive tenses are formed with the corresponding tense of the verb **'être'** ('to be', as in English), followed by the past participle of the verb:

> **j'ai été invité**
> I was invited

The past participle must agree with its subject:

> **elle a été renvoyée**
> she has been dismissed

The passive is far less common in French than in English. It is often replaced by other constructions:

> **on *m'a volé* mon portefeuille**
> my wallet has been stolen
>
> **mon correspondant *m'a invité***
> I've been invited by my penfriend
>
> **elle *s'appelle* Anne**
> she is called Anne
>
> **il *s'est fait renverser* par une voiture**
> he was run over by a car

In the following verb table we give one model verb, **'être aimé'**, in the passive voice. Other verbs follow the same pattern.

ETRE AIME
to be loved

PRESENT

je suis aimé(e)
tu es aimé(e)
il (elle) est aimé(e)
nous sommes aimé(e)s
vous êtes aimé(e)(s)
ils (elles) sont aimé(e)s

IMPERFECT

j'étais aimé(e)
tu étais aimé(e)
il (elle) était aimé(e)
nous étions aimé(e)s
vous étiez aimé(e)(s)
ils (elles) étaient aimé(e)s

FUTURE

je serai aimé(e)
tu seras aimé(e)
il (elle) sera aimé(e)
nous serons aimé(e)s
vous serez aimé(e)(s)
ils (elles) seront aimé(e)s

PAST HISTORIC

je fus aimé(e)
tu fus aimé(e)
il (elle) fut aimé(e)
nous fûmes aimé(e)s
vous fûtes aimé(e)(s)
ils (elles) furent aimé(e)s

PERFECT

j'ai été aimé(e)
tu as été aimé(e)
il (elle) a été aimé(e)
nous avons été aimé(e)s
vous avez été aimé(e)(s)
ils (elles) ont été aimé(e)s

PLUPERFECT

j'avais été aimé(e)
tu avais été aimé(e)
il (elle) avait été aimé(e)
nous avions été aimé(e)s
vous aviez été aimé(e)(s)
ils (elles) avaient été aimé(e)s

PAST ANTERIOR

j'eus été aimé(e) etc

FUTURE PERFECT

j'aurai été aimé(e) etc

IMPERATIVE

sois aimé(e)
soyons aimé(e)s
soyez aimé(e)(s)

CONDITIONAL

PRESENT

je serais aimé(e)
tu serais aimé(e)
il (elle) serait aimé(e)
nous serions aimé(e)s
vous seriez aimé(e)(s)
ils (elles) seraient aimé(e)s

PAST

j'aurais été aimé(e)
tu aurais été aimé(e)
il (elle) aurait été aimé(e)
nous aurions été aimé(e)s
vous auriez été aimé(e)(s)
ils (elles) auraient été aimé(e)s

SUBJUNCTIVE

PRESENT

je sois aimé(e)
tu sois aimé(e)
il (elle) soit aimé(e)
nous soyons aimé(e)s
vous soyez aimé(e)(s)
ils (elles) soient aimé(e)s

IMPERFECT

je fusse aimé(e)
tu fusses aimé(e)
il (elle) fût aimé(e)
nous fussions aimé(e)s
vous fussiez aimé(e)(s)
ils (elles) fussent aimé(e)s

PERFECT

j'aie été aimé(e)
tu aies été aimé(e)
il (elle) ait été aimé(e)
nous ayons été aimé(e)s
vous ayez été aimé(e)(s)
ils (elles) aient été aimé(e)s

INFINITIVE

PRESENT

être aimé(e)(s)

PAST

avoir été aimé(e)(s)

PARTICIPLE

PRESENT

étant aimé(e)(s)

PAST

été aimé(e)(s)

DEFECTIVE VERBS

Defective verbs are verbs that are not used in all tenses or persons. Most of them are no longer commonly used, or are used only in a few set expressions. However, since their conjugation follows irregular patterns, we have given a selection of these verbs in the following tables:

211	**accroire**
5	**advenir**
211	**apparoir**
66	**braire** (*note*)
32	**choir**
33	**clore**
52	**déchoir**
69	**échoir**
70	**éclore**
75	**enclore**
79	**s'ensuivre**
89	**faillir**
91	**falloir**
94	**foutre**
95	**frire**
98	**gésir**
109	**oindre** (*note*)
211	**ouïr**
135	**paître**
151	**poindre**
164	**puer**
170	**renaître**
182	**saillir**
187	**seoir**
66	**traire** (*note*)

VERB CONSTRUCTIONS WITH THE INFINITIVE

The following verbs can all be used in infinitive constructions. The infinitive will be used either (1) without a preposition at all or (2) with the preposition '**à**' or (3) with the preposition '**de**' (Note that many of these verbs can also take other constructions, eg a direct object or '**que**' with the subjunctive).

1. *VERBS FOLLOWED BY AN INFINITIVE WITHOUT A LINKING PREPOSITION*

adorer	to love (doing)
aimer	to like (doing)
aimer mieux	to prefer (to do)
aller	to go (and do)
compter	to expect (to do)
daigner	to deign (to do)
descendre	to go down (and do)
désirer	to wish (to do)
détester	to hate (to do)
devoir	to have to (do)
écouter	to listen (to someone doing)
entendre	to hear (someone doing)
entrer	to go in (and do)
envoyer	to send (to do)
espérer	to hope (to do)
faillir	'to nearly' (do)
faire	to make (do)
falloir	to have to (do)
laisser	to let (do)
monter	to go up (and do)
oser	to dare (to do)
paraître	to seem (to do)
pouvoir	to be able to (do)
préférer	to prefer (to do)
regarder	to watch (someone do)
rentrer	to go in (and do)
savoir	to be able to (do)

sembler	to seem (to do)
sortir	to go out (and do)
souhaiter	to wish (to do)
valoir mieux	to be better (doing)
venir	to come (and do)
voir	to see (someone doing)
vouloir	to want (to do)

2. *VERBS FOLLOWED BY AN INFINITIVE WITH THE LINKING PREPOSITION* à:

s'accoutumer à	to get used to (doing)
aider à	to help (to do)
s'amuser à	to play at (doing)
apprendre à	to learn (to do)
s'apprêter à	to get ready (to do)
arriver à	to manage (to do)
s'attendre à	to expect (to do)
autoriser à	to allow (to do)
chercher à	to try (to do)
commencer à	to start (doing)
consentir à	to agree (to do)
consister à	to consist in (doing)
continuer à	to continue (to do)
se décider à	to make up one's mind (to do)
encourager à	to encourage (to do)
s'engager à	to undertake (to do)
enseigner à	to teach how (to do)
s'évertuer à	to try hard (to do)
forcer à	to force (to do)
s'habituer à	to get used (to doing)
hésiter à	to hesitate (to do)
inciter à	to prompt (to do)
s'intéresser à	to be interested in (doing)
inviter à	to invite (to do)
se mettre à	to start (doing)
obliger à	to force (to do)
s'obstiner à	to persist (in doing)
parvenir à	to succeed in (doing)
passer son temps à	to spend one's time (doing)
perdre son temps à	to waste one's time (doing)
persister à	to persist (in doing)

pousser à	to urge (to do)
se préparer à	to get ready (to do)
renoncer à	to give up (doing)
rester à	to be left (to do)
réussir à	to succeed in (doing)
servir à	to be used for (doing)
songer à	to think of (doing)
tarder à	to delay (doing)
tenir à	to be keen (to do)

3. *VERBS FOLLOWED BY AN INFINITIVE WITH THE LINKING PREPOSITION* **de:**

accepter de	to agree (to do)
accuser de	to accuse of (doing)
achever de	to finish (doing)
s'arrêter de	to stop (doing)
avoir besoin de	to need (to do)
avoir envie de	to feel like (doing)
avoir peur de	to be afraid (to do)
cesser de	to stop (doing)
se charger de	to undertake (to do)
commander de	to order (to do)
conseiller de	to advise (to do)
se contenter de	to make do with (doing)
continuer de	to continue (to do)
craindre de	to be afraid (to do)
décider de	to decide (to do)
déconseiller de	to advise against (doing)
défendre de	to forbid (to do)
demander de	to ask (to do)
se dépêcher de	to hurry (to do)
dire de	to tell (to do)
dissuader de	to dissuade from (doing)
s'efforcer de	to try (to do)
empêcher de	to prevent (from doing)
s'empresser de	to hasten (to do)
entreprendre de	to undertake (to do)
envisager de	to intend to (do)
essayer de	to try (to do)
s'étonner de	to be surprised (at doing)
éviter de	to avoid (doing)

s'excuser de	to apologize for (doing)
faire semblant de	to pretend (to do)
feindre de	to pretend (to do)
finir de	to finish (doing)
se garder de	to be careful not to (do)
se hâter de	to hasten (to do)
interdire de	to forbid (to do)
jurer de	to swear (to do)
manquer de	'to nearly' do
menacer de	to threaten (to do)
mériter de	to deserve (to do)
négliger de	to fail (to do)
s'occuper de	to undertake (to do)
offrir de	to offer (to do)
omettre de	to omit (to do)
ordonner de	to order (to do)
oublier de	to forget (to do)
permettre de	to allow (to do)
persuader de	to persuade (to do)
prier de	to ask (to do)
promettre de	to promise (to do)
proposer de	to offer (to do)
recommander de	to recommend (to do)
refuser de	to refuse (to do)
regretter de	to be sorry (to do)
remercier de	to thank for (doing)
résoudre de	to resolve (to do)
se retenir de	to restrain oneself (from doing)
risquer de	to risk (doing)
se souvenir de	to remember (doing)
suggérer de	to suggest (doing)
supplier de	to implore (to do)
tâcher de	to try (to do)
tenter de	to try (to do)
venir de	'to have just' (done)

ACCUEILLIR
to welcome

PRESENT	IMPERFECT	FUTURE
j'accueille	j'accueillais	j'accueillerai
tu accueilles	tu accueillais	tu accueilleras
il accueille	il accueillait	il accueillera
nous accueillons	nous accueillions	nous accueillerons
vous accueillez	vous accueilliez	vous accueillerez
ils accueillent	ils accueillaient	ils accueilleront

PAST HISTORIC	PERFECT	PLUPERFECT
j'accueillis	j'ai accueilli	j'avais accueilli
tu accueillis	tu as accueilli	tu avais accueilli
il accueillit	il a accueilli	il avait accueilli
nous accueillîmes	nous avons accueilli	nous avions accueilli
vous accueillîtes	vous avez accueilli	vous aviez accueilli
ils accueillirent	ils ont accueilli	ils avaient accueilli

PAST ANTERIOR	FUTURE PERFECT
j'eus accueilli etc	j'aurai accueilli etc

IMPERATIVE	*CONDITIONAL*	
	PRESENT	**PAST**
accueille	j'accueillerais	j'aurais accueilli
accueillons	tu accueillerais	tu aurais accueilli
accueillez	il accueillerait	il aurait accueilli
	nous accueillerions	nous aurions accueilli
	vous accueilleriez	vous auriez accueilli
	ils accueilleraient	ils auraient accueilli

SUBJUNCTIVE

PRESENT	IMPERFECT	PERFECT
j'accueille	j'accueillisse	j'aie accueilli
tu accueilles	tu accueillisses	tu aies accueilli
il accueille	il accueillît	il ait accueilli
nous accueillions	nous accueillissions	nous ayons accueilli
vous accueilliez	vous accueillissiez	vous ayez accueilli
ils accueillent	ils accueillissent	ils aient accueilli

INFINITIVE	*PARTICIPLE*
PRESENT	**PRESENT**
accueillir	accueillant
PAST	**PAST**
avoir accueilli	accueilli

3   ACHETER
to buy

PRESENT

j'achète
tu achètes
il achète
nous achetons
vous achetez
ils achètent

IMPERFECT

j'achetais
tu achetais
il achetait
nous achetions
vous achetiez
ils achetaient

FUTURE

j'achèterai
tu achèteras
il achètera
nous achèterons
vous achèterez
ils achèteront

PAST HISTORIC

j'achetai
tu achetas
il acheta
nous achetâmes
vous achetâtes
ils achetèrent

PERFECT

j'ai acheté
tu as acheté
il a acheté
nous avons acheté
vous avez acheté
ils ont acheté

PLUPERFECT

j'avais acheté
tu avais acheté
il avait acheté
nous avions acheté
vous aviez acheté
ils avaient acheté

PAST ANTERIOR

j'eus acheté etc

FUTURE PERFECT

j'aurai acheté etc

IMPERATIVE

achète
achetons
achetez

CONDITIONAL

PRESENT

j'achèterais
tu achèterais
il achèterait
nous achèterions
vous achèteriez
ils achèteraient

PAST

j'aurais acheté
tu aurais acheté
il aurait acheté
nous aurions acheté
vous auriez acheté
ils auraient acheté

SUBJUNCTIVE

PRESENT

j'achète
tu achètes
il achète
nous achetions
vous achetiez
ils achètent

IMPERFECT

j'achetasse
tu achetasses
il achetât
nous achetassions
vous achetassiez
ils achetassent

PERFECT

j'aie acheté
tu aies acheté
il ait acheté
nous ayons acheté
vous ayez acheté
ils aient acheté

INFINITIVE

PRESENT

acheter

PAST

avoir acheté

PARTICIPLE

PRESENT

achetant

PAST

acheté

ACQUERIR
to acquire

4

PRESENT

j'acquiers
tu acquiers
il acquiert
nous acquérons
vous acquérez
ils acquièrent

IMPERFECT

j'acquérais
tu acquérais
il acquérait
nous acquérions
vous acquériez
ils acquéraient

FUTURE

j'acquerrai
tu acquerras
il acquerra
nous acquerrons
vous acquerrez
ils acquerront

PAST HISTORIC

j'acquis
tu acquis
il acquit
nous acquîmes
vous acquîtes
ils acquirent

PERFECT

j'ai acquis
tu as acquis
il a acquis
nous avons acquis
vous avez acquis
ils ont acquis

PLUPERFECT

j'avais acquis
tu avais acquis
il avait acquis
nous avions acquis
vous aviez acquis
ils avaient acquis

PAST ANTERIOR

j'eus acquis etc

FUTURE PERFECT

j'aurai acquis etc

IMPERATIVE

acquiers
acquérons
acquérez

CONDITIONAL

PRESENT

j'acquerrais
tu acquerrais
il acquerrait
nous acquerrions
vous acquerriez
ils acquerraient

PAST

j'aurais acquis
tu aurais acquis
il aurait acquis
nous aurions acquis
vous auriez acquis
ils auraient acquis

SUBJUNCTIVE

PRESENT

j'acquière
tu acquières
il acquière
nous acquérions
vous acquériez
ils acquièrent

IMPERFECT

j'acquisse
tu acquisses
il acquît
nous acquissions
vous acquissiez
ils acquissent

PERFECT

j'aie acquis
tu aies acquis
il ait acquis
nous ayons acquis
vous ayez acquis
ils aient acquis

INFINITIVE

PRESENT

acquérir

PAST

avoir acquis

PARTICIPLE

PRESENT

acquérant

PAST

acquis

5   ADVENIR
to happen

PRESENT	IMPERFECT	FUTURE
il advient	il advenait	il adviendra
ils adviennent	ils advenaient	ils adviendront

PAST HISTORIC	PERFECT	PLUPERFECT
il advint	il est advenu	il était advenu
ils advinrent	ils sont advenus	ils étaient advenus

PAST ANTERIOR	FUTURE PERFECT
il fut advenu etc	il sera advenu etc

IMPERATIVE	*CONDITIONAL*	
	PRESENT	PAST
	il adviendrait	il serait advenu
	ils adviendraient	ils seraient advenus

SUBJUNCTIVE

PRESENT	IMPERFECT	PERFECT
il advienne	il advînt	il soit advenu
ils adviennent	ils advinssent	ils soient advenus

INFINITIVE	*PARTICIPLE*
PRESENT	PRESENT
advenir	
PAST	PAST
être advenu	advenu

AFFAIBLIR
to weaken

PRESENT	**IMPERFECT**	**FUTURE**
j'affaiblis	j'affaiblissais	j'affaiblirai
tu affaiblis	tu affaiblissais	tu affaibliras
il affaiblit	il affaiblissait	il affaiblira
nous affaiblissons	nous affaiblissions	nous affaiblirons
vous affaiblissez	vous affaiblissiez	vous affaiblirez
ils affaiblissent	ils affaiblissaient	ils affaibliront

PAST HISTORIC	**PERFECT**	**PLUPERFECT**
j'affaiblis	j'ai affaibli	j'avais affaibli
tu affaiblis	tu as affaibli	tu avais affaibli
il affaiblit	il a affaibli	il avait affaibli
nous affaiblîmes	nous avons affaibli	nous avions affaibli
vous affaiblîtes	vous avez affaibli	vous aviez affaibli
ils affaiblirent	ils ont affaibli	ils avaient affaibli

PAST ANTERIOR	**FUTURE PERFECT**
j'eus affaibli etc	j'aurai affaibli etc

IMPERATIVE	*CONDITIONAL*	
	PRESENT	**PAST**
affaiblis	j'affaiblirais	j'aurais affaibli
affaiblissons	tu affaiblirais	tu aurais affaibli
affaiblissez	il affaiblirait	il aurait affaibli
	nous affaiblirions	nous aurions affaibli
	vous affaibliriez	vous auriez affaibli
	ils affaibliraient	ils auraient affaibli

SUBJUNCTIVE

PRESENT	**IMPERFECT**	**PERFECT**
j'affaiblisse	j'affaiblisse	j'aie affaibli
tu affaiblisses	tu affaiblisses	tu aies affaibli
il affaiblisse	il affaiblît	il ait affaibli
nous affaiblissions	nous affaiblissions	nous ayons affaibli
vous affaiblissiez	vous affaiblissiez	vous ayez affaibli
ils affaiblissent	ils affaiblissent	ils aient affaibli

INFINITIVE	*PARTICIPLE*
PRESENT	**PRESENT**
affaiblir	affaiblissant
PAST	**PAST**
avoir affaibli	affaibli

7 AGIR
to act

PRESENT	IMPERFECT	FUTURE
j'agis	j'agissais	j'agirai
tu agis	tu agissais	tu agiras
il agit	il agissait	il agira
nous agissons	nous agissions	nous agirons
vous agissez	vous agissiez	vous agirez
ils agissent	ils agissaient	ils agiront

PAST HISTORIC	PERFECT	PLUPERFECT
j'agis	j'ai agi	j'avais agi
tu agis	tu as agi	tu avais agi
il agit	il a agi	il avait agi
nous agîmes	nous avons agi	nous avions agi
vous agîtes	vous avez agi	vous aviez agi
ils agirent	ils ont agi	ils avaient agi

PAST ANTERIOR	FUTURE PERFECT
j'eus agi etc	j'aurai agi etc

IMPERATIVE

CONDITIONAL

	PRESENT	PAST
agis	j'agirais	j'aurais agi
agissons	tu agirais	tu aurais agi
agissez	il agirait	il aurait agi
	nous agirions	nous aurions agi
	vous agiriez	vous auriez agi
	ils agiraient	ils auraient agi

SUBJUNCTIVE

PRESENT	IMPERFECT	PERFECT
j'agisse	j'agisse	j'aie agi
tu agisses	tu agisses	tu aies agi
il agisse	il agît	il ait agi
nous agissions	nous agissions	nous ayons agi
vous agissiez	vous agissiez	vous ayez agi
ils agissent	ils agissent	ils aient agi

INFINITIVE	PARTICIPLE
PRESENT	PRESENT
agir	agissant
PAST	PAST
avoir agi	agi

PRESENT	IMPERFECT	FUTURE
j'aime	j'aimais	j'aimerai
tu aimes	tu aimais	tu aimeras
il aime	il aimait	il aimera
nous aimons	nous aimions	nous aimerons
vous aimez	vous aimiez	vous aimerez
ils aiment	ils aimaient	ils aimeront

PAST HISTORIC	PERFECT	PLUPERFECT
j'aimai	j'ai aimé	j'avais aimé
tu aimas	tu as aimé	tu avais aimé
il aima	il a aimé	il avait aimé
nous aimâmes	nous avons aimé	nous avions aimé
vous aimâtes	vous avez aimé	vous aviez aimé
ils aimèrent	ils ont aimé	ils avaient aimé

PAST ANTERIOR	FUTURE PERFECT
j'eus aimé etc	j'aurai aimé etc

IMPERATIVE	*CONDITIONAL*	
	PRESENT	PAST
aime	j'aimerais	j'aurais aimé
aimons	tu aimerais	tu aurais aimé
aimez	il aimerait	il aurait aimé
	nous aimerions	nous aurions aimé
	vous aimeriez	vous auriez aimé
	ils aimeraient	ils auraient aimé

SUBJUNCTIVE		
PRESENT	IMPERFECT	PERFECT
j'aime	j'aimasse	j'aie aimé
tu aimes	tu aimasses	tu aies aimé
il aime	il aimât	il ait aimé
nous aimions	nous aimassions	nous ayons aimé
vous aimiez	vous aimassiez	vous ayez aimé
ils aiment	ils aimassent	ils aient aimé

INFINITIVE	*PARTICIPLE*
PRESENT	PRESENT
aimer	aimant
PAST	PAST
avoir aimé	aimé

9 ALLER
to go

PRESENT	IMPERFECT	FUTURE
je vais	j'allais	j'irai
tu vas	tu allais	tu iras
il va	il allait	il ira
nous allons	nous allions	nous irons
vous allez	vous alliez	vous irez
ils vont	ils allaient	ils iront

PAST HISTORIC	PERFECT	PLUPERFECT
j'allai	je suis allé	j'étais allé
tu allas	tu es allé	tu étais allé
il alla	il est allé	il était allé
nous allâmes	nous sommes allés	nous étions allés
vous allâtes	vous êtes allé(s)	vous étiez allé(s)
ils allèrent	ils sont allés	ils étaient allés

PAST ANTERIOR	FUTURE PERFECT
je fus allé etc	je serai allé etc

IMPERATIVE	CONDITIONAL	
	PRESENT	PAST
va	j'irais	je serais allé
allons	tu irais	tu serais allé
allez	il irait	il serait allé
	nous irions	nous serions allés
	vous iriez	vous seriez allé(s)
	ils iraient	ils seraient allés

SUBJUNCTIVE		
PRESENT	IMPERFECT	PERFECT
j'aille	j'allasse	je sois allé
tu ailles	tu allasses	tu sois allé
il aille	il allât	il soit allé
nous allions	nous allassions	nous soyons allés
vous alliez	vous allassiez	vous soyez allé(s)
ils aillent	ils allassent	ils soient allés

INFINITIVE	PARTICIPLE
PRESENT	PRESENT
aller	allant
PAST	PAST
être allé	allé

S'EN ALLER
to go away

PRESENT	**IMPERFECT**	**FUTURE**
je m'en vais	je m'en allais	je m'en irai
tu t'en vas	tu t'en allais	tu t'en iras
il s'en va	il s'en allait	il s'en ira
nous nous en allons	nous nous en allions	nous nous en irons
vous vous en allez	vous vous en alliez	vous vous en irez
ils s'en vont	ils s'en allaient	ils s'en iront

PAST HISTORIC	**PERFECT**	**PLUPERFECT**
je m'en allai	je m'en suis allé	je m'en étais allé
tu t'en allas	tu t'en es allé	tu t'en étais allé
il s'en alla	il s'en est allé	il s'en était allé
nous nous en allâmes	nous ns. en sommes allés	nous ns. en étions allés
vous vous en allâtes	vous vs. en êtes allé(s)	vous vs. en étiez allé(s)
ils s'en allèrent	ils s'en sont allés	ils s'en étaient allés

PAST ANTERIOR	**FUTURE PERFECT**
je m'en fus allé etc	je m'en serai allé etc

IMPERATIVE	*CONDITIONAL*	
	PRESENT	**PAST**
va-t'en	je m'en irais	je m'en serais allé
allons-nous-en	tu t'en irais	tu t'en serais allé
allez-vous-en	il s'en irait	il s'en serait allé
	nous nous en irions	nous nous en serions allés
	vous vous en iriez	vous vous en seriez allé(s)
	ils s'en iraient	ils s'en seraient allés

SUBJUNCTIVE

PRESENT	**IMPERFECT**	**PERFECT**
je m'en aille	je m'en allasse	je m'en sois allé
tu t'en ailles	tu t'en allasses	tu t'en sois allé
il s'en aille	il s'en allât	il s'en soit allé
nous nous en allions	nous nous en allassions	nous nous en soyons allés
vous vous en alliez	vous vous en allassiez	vous vous en soyez allé(s)
ils s'en aillent	ils s'en allassent	ils s'en soient allés

INFINITIVE	*PARTICIPLE*
PRESENT	**PRESENT**
s'en aller	s'en allant
PAST	**PAST**
s'en être allé	en allé

11 ANNONCER
to announce

PRESENT	IMPERFECT	FUTURE
j'annonce	j'annonçais	j'annoncerai
tu annonces	tu annonçais	tu annonceras
il annonce	il annonçait	il annoncera
nous annonçons	nous annoncions	nous annoncerons
vous annoncez	vous annonciez	vous annoncerez
ils annoncent	ils annonçaient	ils annonceront

PAST HISTORIC	PERFECT	PLUPERFECT
j'annonçai	j'ai annoncé	j'avais annoncé
tu annonças	tu as annoncé	tu avais annoncé
il annonça	il a annoncé	il avait annoncé
nous annonçâmes	nous avons annoncé	nous avions annoncé
vous annonçâtes	vous avez annoncé	vous aviez annoncé
ils annoncèrent	ils ont annoncé	ils avaient annoncé

PAST ANTERIOR	FUTURE PERFECT
j'eus annoncé etc	j'aurai annoncé etc

IMPERATIVE	CONDITIONAL	
	PRESENT	PAST
annonce	j'annoncerais	j'aurais annoncé
annonçons	tu annoncerais	tu aurais annoncé
annoncez	il annoncerait	il aurait annoncé
	nous annoncerions	nous aurions annoncé
	vous annonceriez	vous auriez annoncé
	ils annonceraient	ils auraient annoncé

SUBJUNCTIVE

PRESENT	IMPERFECT	PERFECT
j'annonce	j'annonçasse	j'aie annoncé
tu annonces	tu annonçasses	tu aies annoncé
il annonce	il annonçât	il ait annoncé
nous annoncions	nous annonçassions	nous ayons annoncé
vous annonciez	vous annonçassiez	vous ayez annoncé
ils annoncent	ils annonçassent	ils aient annoncé

INFINITIVE	PARTICIPLE
PRESENT	PRESENT
annoncer	annonçant
PAST	PAST
avoir annoncé	annoncé

APERCEVOIR
to see

PRESENT	**IMPERFECT**	**FUTURE**
j'aperçois	j'apercevais	j'apercevrai
tu aperçois	tu apercevais	tu apercevras
il aperçoit	il apercevait	il apercevra
nous apercevons	nous apercevions	nous apercevrons
vous apercevez	vous aperceviez	vous apercevrez
ils aperçoivent	ils apercevaient	ils apercevront

PAST HISTORIC	**PERFECT**	**PLUPERFECT**
j'aperçus	j'ai aperçu	j'avais aperçu
tu aperçus	tu as aperçu	tu avais aperçu
il aperçut	il a aperçu	il avait aperçu
nous aperçûmes	nous avons aperçu	nous avions aperçu
vous aperçûtes	vous avez aperçu	vous aviez aperçu
ils aperçurent	ils ont aperçu	ils avaient aperçu

PAST ANTERIOR	**FUTURE PERFECT**
j'eus aperçu etc	j'aurai aperçu etc

IMPERATIVE	*CONDITIONAL*	
	PRESENT	**PAST**
aperçois	j'apercevrais	j'aurais aperçu
apercevons	tu apercevrais	tu aurais aperçu
apercevez	il apercevrait	il aurait aperçu
	nous apercevrions	nous aurions aperçu
	vous apercevriez	vous auriez aperçu
	ils apercevraient	ils auraient aperçu

SUBJUNCTIVE

PRESENT	**IMPERFECT**	**PERFECT**
j'aperçoive	j'aperçusse	j'aie aperçu
tu aperçoives	tu aperçusses	tu aies aperçu
il aperçoive	il aperçût	il ait aperçu
nous apercevions	nous aperçussions	nous ayons aperçu
vous aperceviez	vous aperçussiez	vous ayez aperçu
ils aperçoivent	ils aperçussent	ils aient aperçu

INFINITIVE	*PARTICIPLE*
PRESENT	**PRESENT**
apercevoir	apercevant
PAST	**PAST**
avoir aperçu	aperçu

13 APPARTENIR
to belong

PRESENT

j'appartiens
tu appartiens
il appartient
nous appartenons
vous appartenez
ils appartiennent

IMPERFECT

j'appartenais
tu appartenais
il appartenait
nous appartenions
vous apparteniez
ils appartenaient

FUTURE

j'appartiendrai
tu appartiendras
il appartiendra
nous appartiendrons
vous appartiendrez
ils appartiendront

PAST HISTORIC

j'appartins
tu appartins
il appartint
nous appartînmes
vous appartîntes
ils appartinrent

PERFECT

j'ai appartenu
tu as appartenu
il a appartenu
nous avons appartenu
vous avez appartenu
ils ont appartenu

PLUPERFECT

j'avais appartenu
tu avais appartenu
il avait appartenu
nous avions appartenu
vous aviez appartenu
ils avaient appartenu

PAST ANTERIOR

j'eus appartenu etc

FUTURE PERFECT

j'aurai appartenu etc

IMPERATIVE

appartiens
appartenons
appartenez

CONDITIONAL

PRESENT

j'appartiendrais
tu appartiendrais
il appartiendrait
nous appartiendrions
vous appartiendriez
ils appartiendraient

PAST

j'aurais appartenu
tu aurais appartenu
il aurait appartenu
nous aurions appartenu
vous auriez appartenu
ils auraient appartenu

SUBJUNCTIVE

PRESENT

j'appartienne
tu appartiennes
il appartienne
nous appartenions
vous apparteniez
ils appartiennent

IMPERFECT

j'appartinsse
tu appartinsses
il appartînt
nous appartinssions
vous appartinssiez
ils appartinssent

PERFECT

j'aie appartenu
tu aies appartenu
il ait appartenu
nous ayons appartenu
vous ayez appartenu
ils aient appartenu

INFINITIVE

PRESENT

appartenir

PAST

avoir appartenu

PARTICIPLE

PRESENT

appartenant

PAST

appartenu

APPELER
to call

PRESENT	**IMPERFECT**	**FUTURE**
j'appelle	j'appelais	j'appellerai
tu appelles	tu appelais	tu appelleras
il appelle	il appelait	il appellera
nous appelons	nous appelions	nous appellerons
vous appelez	vous appeliez	vous appellerez
ils appellent	ils appelaient	ils appelleront

PAST HISTORIC	**PERFECT**	**PLUPERFECT**
j'appelai	j'ai appelé	j'avais appelé
tu appelas	tu as appelé	tu avais appelé
il appela	il a appelé	il avait appelé
nous appelâmes	nous avons appelé	nous avions appelé
vous appelâtes	vous avez appelé	vous aviez appelé
ils appelèrent	ils ont appelé	ils avaient appelé

PAST ANTERIOR	**FUTURE PERFECT**
j'eus appelé etc	j'aurai appelé etc

IMPERATIVE	*CONDITIONAL*	
	PRESENT	**PAST**
appelle	j'appellerais	j'aurais appelé
appelons	tu appellerais	tu aurais appelé
appelez	il appellerait	il aurait appelé
	nous appellerions	nous aurions appelé
	vous appelleriez	vous auriez appelé
	ils appelleraient	ils auraient appelé

SUBJUNCTIVE

PRESENT	**IMPERFECT**	**PERFECT**
j'appelle	j'appelasse	j'aie appelé
tu appelles	tu appelasses	tu aies appelé
il appelle	il appelât	il ait appelé
nous appelions	nous appelassions	nous ayons appelé
vous appeliez	vous appelassiez	vous ayez appelé
ils appellent	ils appelassent	ils aient appelé

INFINITIVE	*PARTICIPLE*
PRESENT	**PRESENT**
appeler	appelant
PAST	**PAST**
avoir appelé	appelé

15 APPRECIER
to appreciate

PRESENT

j'apprécie
tu apprécies
il apprécie
nous apprécions
vous appréciez
ils apprécient

IMPERFECT

j'appréciais
tu appréciais
il appréciait
nous appréciions
vous appréciiez
ils appréciaient

FUTURE

j'apprécierai
tu apprécieras
il appréciera
nous apprécierons
vous apprécierez
ils apprécieront

PAST HISTORIC

j'appréciai
tu apprécias
il apprécia
nous appréciâmes
vous appréciâtes
ils apprécièrent

PERFECT

j'ai apprécié
tu as apprécié
il a apprécié
nous avons apprécié
vous avez apprécié
ils ont apprécié

PLUPERFECT

j'avais apprécié
tu avais apprécié
il avait apprécié
nous avions apprécié
vous aviez apprécié
ils avaient apprécié

PAST ANTERIOR

j'eus apprécié etc

FUTURE PERFECT

j'aurai apprécié etc

IMPERATIVE

apprécie
apprécions
appréciez

CONDITIONAL

PRESENT

j'apprécierais
tu apprécierais
il apprécierait
nous apprécierions
vous apprécieriez
ils apprécieraient

PAST

j'aurais apprécié
tu aurais apprécié
il aurait apprécié
nous aurions apprécié
vous auriez apprécié
ils auraient apprécié

SUBJUNCTIVE

PRESENT

j'apprécie
tu apprécies
il apprécie
nous appréciions
vous appréciiez
ils apprécient

IMPERFECT

j'appréciasse
tu appréciasses
il appréciât
nous appréciassions
vous appréciassiez
ils appréciassent

PERFECT

j'aie apprécié
tu aies apprécié
il ait apprécié
nous ayons apprécié
vous ayez apprécié
ils aient apprécié

INFINITIVE

PRESENT

apprécier

PAST

avoir apprécié

PARTICIPLE

PRESENT

appréciant

PAST

apprécié

APPRENDRE
to learn

16

PRESENT
j'apprends
tu apprends
il apprend
nous apprenons
vous apprenez
ils apprennent

IMPERFECT
j'apprenais
tu apprenais
il apprenait
nous apprenions
vous appreniez
ils apprenaient

FUTURE
j'apprendrai
tu apprendras
il apprendra
nous apprendrons
vous apprendrez
ils apprendront

PAST HISTORIC
j'appris
tu appris
il apprit
nous apprîmes
vous apprîtes
ils apprirent

PERFECT
j'ai appris
tu as appris
il a appris
nous avons appris
vous avez appris
ils ont appris

PLUPERFECT
j'avais appris
tu avais appris
il avait appris
nous avions appris
vous aviez appris
ils avaient appris

PAST ANTERIOR
j'eus appris etc

FUTURE PERFECT
j'aurai appris etc

IMPERATIVE

apprends
apprenons
apprenez

CONDITIONAL
PRESENT
j'apprendrais
tu apprendrais
il apprendrait
nous apprendrions
vous apprendriez
ils apprendraient

PAST
j'aurais appris
tu aurais appris
il aurait appris
nous aurions appris
vous auriez appris
ils auraient appris

SUBJUNCTIVE
PRESENT
j'apprenne
tu apprennes
il apprenne
nous apprenions
vous appreniez
ils apprennent

IMPERFECT
j'apprisse
tu apprisses
il apprît
nous apprissions
vous apprissiez
ils apprissent

PERFECT
j'aie appris
tu aies appris
il ait appris
nous ayons appris
vous ayez appris
ils aient appris

INFINITIVE
PRESENT
apprendre
PAST
avoir appris

PARTICIPLE
PRESENT
apprenant
PAST
appris

17 APPUYER
to push, to lean

PRESENT
j'appuie
tu appuies
il appuie
nous appuyons
vous appuyez
ils appuient

IMPERFECT
j'appuyais
tu appuyais
il appuyait
nous appuyions
vous appuyiez
ils appuyaient

FUTURE
j'appuierai
tu appuieras
il appuiera
nous appuierons
vous appuierez
ils appuieront

PAST HISTORIC
j'appuyai
tu appuyas
il appuya
nous appuyâmes
vous appuyâtes
ils appuyèrent

PERFECT
j'ai appuyé
tu as appuyé
il a appuyé
nous avons appuyé
vous avez appuyé
ils ont appuyé

PLUPERFECT
j'avais appuyé
tu avais appuyé
il avait appuyé
nous avions appuyé
vous aviez appuyé
ils avaient appuyé

PAST ANTERIOR
j'eus appuyé etc

FUTURE PERFECT
j'aurai appuyé etc

IMPERATIVE

appuie
appuyons
appuyez

CONDITIONAL

PRESENT
j'appuierais
tu appuierais
il appuierait
nous appuierions
vous appuieriez
ils appuieraient

PAST
j'aurais appuyé
tu aurais appuyé
il aurait appuyé
nous aurions appuyé
vous auriez appuyé
ils auraient appuyé

SUBJUNCTIVE

PRESENT
j'appuie
tu appuies
il appuie
nous appuyions
vous appuyiez
ils appuient

IMPERFECT
j'appuyasse
tu appuyasses
il appuyât
nous appuyassions
vous appuyassiez
ils appuyassent

PERFECT
j'aie appuyé
tu aies appuyé
il ait appuyé
nous ayons appuyé
vous ayez appuyé
ils aient appuyé

INFINITIVE

PRESENT
appuyer

PAST
avoir appuyé

PARTICIPLE

PRESENT
appuyant

PAST
appuyé

ARGUER
to argue

PRESENT	IMPERFECT	FUTURE
j'argue	j'arguais	j'arguerai
tu argues	tu arguais	tu argueras
il argue	il arguait	il arguera
nous arguons	nous arguions	nous arguerons
vous arguez	vous arguiez	vous arguerez
ils arguent	ils arguaient	ils argueront

PAST HISTORIC	PERFECT	PLUPERFECT
j'arguai	j'ai argué	j'avais argué
tu arguas	tu as argué	tu avais argué
il argua	il a argué	il avait argué
nous arguâmes	nous avons argué	nous avions argué
vous arguâtes	vous avez argué	vous aviez argué
ils arguèrent	ils ont argué	ils avaient argué

PAST ANTERIOR	FUTURE PERFECT
j'eus argué etc	j'aurai argué etc

IMPERATIVE	CONDITIONAL	
	PRESENT	PAST
argue	j'arguerais	j'aurais argué
arguons	tu arguerais	tu aurais argué
arguez	il arguerait	il aurait argué
	nous arguerions	nous aurions argué
	vous argueriez	vous auriez argué
	ils argueraient	ils auraient argué

SUBJUNCTIVE

PRESENT	IMPERFECT	PERFECT
j'argue	j'arguasse	j'aie argué
tu argues	tu arguasses	tu aies argué
il argue	il arguât	il ait argué
nous arguions	nous arguassions	nous ayons argué
vous arguiez	vous arguassiez	vous ayez argué
ils arguent	ils arguassent	ils aient argué

INFINITIVE	PARTICIPLE
PRESENT	PRESENT
arguer	arguant
PAST	PAST
avoir argué	argué

19 ARRIVER
to arrive, to happen

PRESENT

j'arrive
tu arrives
il arrive
nous arrivons
vous arrivez
ils arrivent

IMPERFECT

j'arrivais
tu arrivais
il arrivait
nous arrivions
vous arriviez
ils arrivaient

FUTURE

j'arriverai
tu arriveras
il arrivera
nous arriverons
vous arriverez
ils arriveront

PAST HISTORIC

j'arrivai
tu arrivas
il arriva
nous arrivâmes
vous arrivâtes
ils arrivèrent

PERFECT

je suis arrivé
tu es arrivé
il est arrivé
nous sommes arrivés
vous êtes arrivé(s)
ils sont arrivés

PLUPERFECT

j'étais arrivé
tu étais arrivé
il était arrivé
nous étions arrivés
vous étiez arrivé(s)
ils étaient arrivés

PAST ANTERIOR

je fus arrivé etc

FUTURE PERFECT

je serai arrivé etc

IMPERATIVE

arrive
arrivons
arrivez

CONDITIONAL

PRESENT

j'arriverais
tu arriverais
il arriverait
nous arriverions
vous arriveriez
ils arriveraient

PAST

je serais arrivé
tu serais arrivé
il serait arrivé
nous serions arrivés
vous seriez arrivé(s)
ils seraient arrivés

SUBJUNCTIVE

PRESENT

j'arrive
tu arrives
il arrive
nous arrivions
vous arriviez
ils arrivent

IMPERFECT

j'arrivasse
tu arrivasses
il arrivât
nous arrivassions
vous arrivassiez
ils arrivassent

PERFECT

je sois arrivé
tu sois arrivé
il soit arrivé
nous soyons arrivés
vous soyez arrivé(s)
ils soient arrivés

INFINITIVE

PRESENT

arriver

PAST

être arrivé

PARTICIPLE

PRESENT

arrivant

PAST

arrivé

ASSAILLIR
to attack

PRESENT	**IMPERFECT**	**FUTURE**
j'assaille	j'assaillais	j'assaillirai
tu assailles	tu assaillais	tu assailliras
il assaille	il assaillait	il assaillira
nous assaillons	nous assaillions	nous assaillirons
vous assaillez	vous assailliez	vous assaillirez
ils assaillent	ils assaillaient	ils assailliront

PAST HISTORIC	**PERFECT**	**PLUPERFECT**
j'assaillis	j'ai assailli	j'avais assailli
tu assaillis	tu as assailli	tu avais assailli
il assaillit	il a assailli	il avait assailli
nous assaillîmes	nous avons assailli	nous avions assailli
vous assaillîtes	vous avez assailli	vous aviez assailli
ils assaillirent	ils ont assailli	ils avaient assailli

PAST ANTERIOR	**FUTURE PERFECT**
j'eus assailli etc	j'aurai assailli etc

IMPERATIVE	*CONDITIONAL*	
	PRESENT	**PAST**
assaille	j'assaillirais	j'aurais assailli
assaillons	tu assaillirais	tu aurais assailli
assaillez	il assaillirait	il aurait assailli
	nous assaillirions	nous aurions assailli
	vous assailliriez	vous auriez assailli
	ils assailliraient	ils auraient assailli

SUBJUNCTIVE		
PRESENT	**IMPERFECT**	**PERFECT**
j'assaille	j'assaillisse	j'aie assailli
tu assailles	tu assaillisses	tu aies assailli
il assaille	il assaillît	il ait assailli
nous assaillions	nous assaillissions	nous ayons assailli
vous assailliez	vous assaillissiez	vous ayez assailli
ils assaillent	ils assaillissent	ils aient assailli

INFINITIVE	*PARTICIPLE*
PRESENT	**PRESENT**
assaillir	assaillant
PAST	**PAST**
avoir assailli	assailli

21

S'ASSEOIR
to sit down

PRESENT
je m'assieds/assois
tu t'assieds/assois
il s'assied/assoit
nous ns. asseyons/assoyons
vous vs. asseyez/assoyez
ils s'asseyent/assoient

IMPERFECT
je m'asseyais
tu t'asseyais
il s'asseyait
nous nous asseyions
vous vous asseyiez
ils s'asseyaient

FUTURE
je m'assiérai
tu t'assiéras
il s'assiéra
nous nous assiérons
vous vous assiérez
ils s'assiéront

PAST HISTORIC
je m'assis
tu t'assis
il s'assit
nous nous assîmes
vous vous assîtes
ils s'assirent

PERFECT
je me suis assis
tu t'es assis
il s'est assis
nous nous sommes assis
vous vous êtes assis
ils se sont assis

PLUPERFECT
je m'étais assis
tu t'étais assis
il s'était assis
nous nous étions assis
vous vous étiez assis
ils s'étaient assis

PAST ANTERIOR
je me fus assis etc

FUTURE PERFECT
je me serai assis etc

IMPERATIVE

assieds/assois-toi
asseyons/assoyons-nous
asseyez/assoyez-vous

CONDITIONAL
PRESENT
je m'assiérais
tu t'assiérais
il s'assiérait
nous nous assiérions
vous vous assiériez
ils s'assiéraient

PAST
je me serais assis
tu te serais assis
il se serait assis
nous nous serions assis
vous vous seriez assis
ils se seraient assis

SUBJUNCTIVE
PRESENT
je m'asseye
tu t'asseyes
il s'asseye
nous nous asseyions
vous vous asseyiez
ils s'asseyent

IMPERFECT
je m'assisse
tu t'assisses
il s'assît
nous nous assissions
vous vous assissiez
ils s'assissent

PERFECT
je me sois assis
tu te sois assis
il se soit assis
nous nous soyons assis
vous vous soyez assis
ils se soient assis

INFINITIVE
PRESENT
s'asseoir

PAST
s'être assis

PARTICIPLE
PRESENT
s'asseyant/s'assoyant

PAST
assis

NOTE
*other alternative forms
(less common) are
imperfect:* je m'assoyais
etc, future: je m'assoira
*etc and subjunctive
present:* je m'assoie *etc*

ATTENDRE
to wait

PRESENT

j'attends
tu attends
il attend
nous attendons
vous attendez
ils attendent

IMPERFECT

j'attendais
tu attendais
il attendait
nous attendions
vous attendiez
ils attendaient

FUTURE

j'attendrai
tu attendras
il attendra
nous attendrons
vous attendrez
ils attendront

PAST HISTORIC

j'attendis
tu attendis
il attendit
nous attendîmes
vous attendîtes
ils attendirent

PERFECT

j'ai attendu
tu as attendu
il a attendu
nous avons attendu
vous avez attendu
ils ont attendu

PLUPERFECT

j'avais attendu
tu avais attendu
il avait attendu
nous avions attendu
vous aviez attendu
ils avaient attendu

PAST ANTERIOR

j'eus attendu etc

FUTURE PERFECT

j'aurai attendu etc

IMPERATIVE

attends
attendons
attendez

CONDITIONAL

PRESENT

j'attendrais
tu attendrais
il attendrait
nous attendrions
vous attendriez
ils attendraient

PAST

j'aurais attendu
tu aurais attendu
il aurait attendu
nous aurions attendu
vous auriez attendu
ils auraient attendu

SUBJUNCTIVE

PRESENT

j'attende
tu attendes
il attende
nous attendions
vous attendiez
ils attendent

IMPERFECT

j'attendisse
tu attendisses
il attendît
nous attendissions
vous attendissiez
ils attendissent

PERFECT

j'aie attendu
tu aies attendu
il ait attendu
nous ayons attendu
vous ayez attendu
ils aient attendu

INFINITIVE

PRESENT

attendre

PAST

avoir attendu

PARTICIPLE

PRESENT

attendant

PAST

attendu

AVANCER
to move forward

PRESENT	IMPERFECT	FUTURE
j'avance	j'avançais	j'avancerai
tu avances	tu avançais	tu avanceras
il avance	il avançait	il avancera
nous avançons	nous avancions	nous avancerons
vous avancez	vous avanciez	vous avancerez
ils avancent	ils avançaient	ils avanceront

PAST HISTORIC	PERFECT	PLUPERFECT
j'avançai	j'ai avancé	j'avais avancé
tu avanças	tu as avancé	tu avais avancé
il avança	il a avancé	il avait avancé
nous avançâmes	nous avons avancé	nous avions avancé
vous avançâtes	vous avez avancé	vous aviez avancé
ils avancèrent	ils ont avancé	ils avaient avancé

PAST ANTERIOR	FUTURE PERFECT
j'eus avancé etc	j'aurai avancé etc

IMPERATIVE	CONDITIONAL	
	PRESENT	PAST
avance	j'avancerais	j'aurais avancé
avançons	tu avancerais	tu aurais avancé
avancez	il avancerait	il aurait avancé
	nous avancerions	nous aurions avancé
	vous avanceriez	vous auriez avancé
	ils avanceraient	ils auraient avancé

SUBJUNCTIVE		
PRESENT	IMPERFECT	PERFECT
j'avance	j'avançasse	j'aie avancé
tu avances	tu avançasses	tu aies avancé
il avance	il avançât	il ait avancé
nous avancions	nous avançassions	nous ayons avancé
vous avanciez	vous avançassiez	vous ayez avancé
ils avancent	ils avançassent	ils aient avancé

INFINITIVE	PARTICIPLE
PRESENT	PRESENT
avancer	avançant
PAST	PAST
avoir avancé	avancé

AVOIR
to have

24

PRESENT	**IMPERFECT**	**FUTURE**
j'ai	j'avais	j'aurai
tu as	tu avais	tu auras
il a	il avait	il aura
nous avons	nous avions	nous aurons
vous avez	vous aviez	vous aurez
ils ont	ils avaient	ils auront

PAST HISTORIC	**PERFECT**	**PLUPERFECT**
j'eus	j'ai eu	j'avais eu
tu eus	tu as eu	tu avais eu
il eut	il a eu	il avait eu
nous eûmes	nous avons eu	nous avions eu
vous eûtes	vous avez eu	vous aviez eu
ils eurent	ils ont eu	ils avaient eu

PAST ANTERIOR	**FUTURE PERFECT**
j'eus eu etc	j'aurai eu etc

IMPERATIVE	*CONDITIONAL*	
	PRESENT	**PAST**
aie	j'aurais	j'aurais eu
ayons	tu aurais	tu aurais eu
ayez	il aurait	il aurait eu
	nous aurions	nous aurions eu
	vous auriez	vous auriez eu
	ils auraient	ils auraient eu

SUBJUNCTIVE

PRESENT	**IMPERFECT**	**PERFECT**
j'aie	j'eusse	j'aie eu
tu aies	tu eusses	tu aies eu
il ait	il eût	il ait eu
nous ayons	nous eussions	nous ayons eu
vous ayez	vous eussiez	vous ayez eu
ils aient	ils eussent	ils aient eu

INFINITIVE	*PARTICIPLE*
PRESENT	**PRESENT**
avoir	ayant
PAST	**PAST**
avoir eu	eu

25 BATTRE
to beat

PRESENT	IMPERFECT	FUTURE
je bats	je battais	je battrai
tu bats	tu battais	tu battras
il bat	il battait	il battra
nous battons	nous battions	nous battrons
vous battez	vous battiez	vous battrez
ils battent	ils battaient	ils battront

PAST HISTORIC	PERFECT	PLUPERFECT
je battis	j'ai battu	j'avais battu
tu battis	tu as battu	tu avais battu
il battit	il a battu	il avait battu
nous battîmes	nous avons battu	nous avions battu
vous battîtes	vous avez battu	vous aviez battu
ils battirent	ils ont battu	ils avaient battu

PAST ANTERIOR	FUTURE PERFECT
j'eus battu etc	j'aurai battu etc

IMPERATIVE	CONDITIONAL	
	PRESENT	PAST
bats	je battrais	j'aurais battu
battons	tu battrais	tu aurais battu
battez	il battrait	il aurait battu
	nous battrions	nous aurions battu
	vous battriez	vous auriez battu
	ils battraient	ils auraient battu

SUBJUNCTIVE

PRESENT	IMPERFECT	PERFECT
je batte	je battisse	j'aie battu
tu battes	tu battisses	tu aies battu
il batte	il battît	il ait battu
nous battions	nous battissions	nous ayons battu
vous battiez	vous battissiez	vous ayez battu
ils battent	ils battissent	ils aient battu

INFINITIVE	PARTICIPLE
PRESENT	PRESENT
battre	battant
PAST	PAST
avoir battu	battu

to drink

PRESENT	IMPERFECT	FUTURE
je bois	je buvais	je boirai
tu bois	tu buvais	tu boiras
il boit	il buvait	il boira
nous buvons	nous buvions	nous boirons
vous buvez	vous buviez	vous boirez
ils boivent	ils buvaient	ils boiront

PAST HISTORIC	PERFECT	PLUPERFECT
je bus	j'ai bu	j'avais bu
tu bus	tu as bu	tu avais bu
il but	il a bu	il avait bu
nous bûmes	nous avons bu	nous avions bu
vous bûtes	vous avez bu	vous aviez bu
ils burent	ils ont bu	ils avaient bu

PAST ANTERIOR	FUTURE PERFECT
j'eus bu etc	j'aurai bu etc

IMPERATIVE	CONDITIONAL	
	PRESENT	PAST
bois	je boirais	j'aurais bu
buvons	tu boirais	tu aurais bu
buvez	il boirait	il aurait bu
	nous boirions	nous aurions bu
	vous boiriez	vous auriez bu
	ils boiraient	ils auraient bu

SUBJUNCTIVE

PRESENT	IMPERFECT	PERFECT
je boive	je busse	j'aie bu
tu boives	tu busses	tu aies bu
il boive	il bût	il ait bu
nous buvions	nous bussions	nous ayons bu
vous buviez	vous bussiez	vous ayez bu
ils boivent	ils bussent	ils aient bu

INFINITIVE	PARTICIPLE
PRESENT	PRESENT
boire	buvant
PAST	PAST
avoir bu	bu

27 BOUILLIR
to boil

PRESENT
je bous
tu bous
il bout
nous bouillons
vous bouillez
ils bouillent

IMPERFECT
je bouillais
tu bouillais
il bouillait
nous bouillions
vous bouilliez
ils bouillaient

FUTURE
je bouillirai
tu bouilliras
il bouillira
nous bouillirons
vous bouillirez
ils bouilliront

PAST HISTORIC
je bouillis
tu bouillis
il bouillit
nous bouillîmes
vous bouillîtes
ils bouillirent

PERFECT
j'ai bouilli
tu as bouilli
il a bouilli
nous avons bouilli
vous avez bouilli
ils ont bouilli

PLUPERFECT
j'avais bouilli
tu avais bouilli
il avait bouilli
nous avions bouilli
vous aviez bouilli
ils avaient bouilli

PAST ANTERIOR
j'eus bouilli etc

FUTURE PERFECT
j'aurai bouilli etc

IMPERATIVE

bous
bouillons
bouillez

CONDITIONAL
PRESENT
je bouillirais
tu bouillirais
il bouillirait
nous bouillirions
vous bouilliriez
ils bouilliraient

PAST
j'aurais bouilli
tu aurais bouilli
il aurait bouilli
nous aurions bouilli
vous auriez bouilli
ils auraient bouilli

SUBJUNCTIVE
PRESENT
je bouille
tu bouilles
il bouille
nous bouillions
vous bouilliez
ils bouillent

IMPERFECT
je bouillisse
tu bouillisses
il bouillît
nous bouillissions
vous bouillissiez
ils bouillissent

PERFECT
j'aie bouilli
tu aies bouilli
il ait bouilli
nous ayons bouilli
vous ayez bouilli
ils aient bouilli

INFINITIVE
PRESENT
bouillir

PAST
avoir bouilli

PARTICIPLE
PRESENT
bouillant

PAST
bouilli

BRILLER
to shine

PRESENT	IMPERFECT	FUTURE
je brille	je brillais	je brillerai
tu brilles	tu brillais	tu brilleras
il brille	il brillait	il brillera
nous brillons	nous brillions	nous brillerons
vous brillez	vous brilliez	vous brillerez
ils brillent	ils brillaient	ils brilleront

PAST HISTORIC	PERFECT	PLUPERFECT
je brillai	j'ai brillé	j'avais brillé
tu brillas	tu as brillé	tu avais brillé
il brilla	il a brillé	il avait brillé
nous brillâmes	nous avons brillé	nous avions brillé
vous brillâtes	vous avez brillé	vous aviez brillé
ils brillèrent	ils ont brillé	ils avaient brillé

PAST ANTERIOR	FUTURE PERFECT
j'eus brillé etc	j'aurai brillé etc

IMPERATIVE	CONDITIONAL	
	PRESENT	PAST
brille	je brillerais	j'aurais brillé
brillons	tu brillerais	tu aurais brillé
brillez	il brillerait	il aurait brillé
	nous brillerions	nous aurions brillé
	vous brilleriez	vous auriez brillé
	ils brilleraient	ils auraient brillé

SUBJUNCTIVE

PRESENT	IMPERFECT	PERFECT
je brille	je brillasse	j'aie brillé
tu brilles	tu brillasses	tu aies brillé
il brille	il brillât	il ait brillé
nous brillions	nous brillassions	nous ayons brillé
vous brilliez	vous brillassiez	vous ayez brillé
ils brillent	ils brillassent	ils aient brillé

INFINITIVE	PARTICIPLE
PRESENT	PRESENT
briller	brillant
PAST	PAST
avoir brillé	brillé

29 CEDER
to give in

PRESENT	IMPERFECT	FUTURE
je cède	je cédais	je céderai
tu cèdes	tu cédais	tu céderas
il cède	il cédait	il cédera
nous cédons	nous cédions	nous céderons
vous cédez	vous cédiez	vous céderez
ils cèdent	ils cédaient	ils céderont

PAST HISTORIC	PERFECT	PLUPERFECT
je cédai	j'ai cédé	j'avais cédé
tu cédas	tu as cédé	tu avais cédé
il céda	il a cédé	il avait cédé
nous cédâmes	nous avons cédé	nous avions cédé
vous cédâtes	vous avez cédé	vous aviez cédé
ils cédèrent	ils ont cédé	ils avaient cédé

PAST ANTERIOR	FUTURE PERFECT
j'eus cédé etc	j'aurai cédé etc

IMPERATIVE	CONDITIONAL	
	PRESENT	PAST
cède	je céderais	j'aurais cédé
cédons	tu céderais	tu aurais cédé
cédez	il céderait	il aurait cédé
	nous céderions	nous aurions cédé
	vous céderiez	vous auriez cédé
	ils céderaient	ils auraient cédé

SUBJUNCTIVE

PRESENT	IMPERFECT	PERFECT
je cède	je cédasse	j'aie cédé
tu cèdes	tu cédasses	tu aies cédé
il cède	il cédât	il ait cédé
nous cédions	nous cédassions	nous ayons cédé
vous cédiez	vous cédassiez	vous ayez cédé
ils cèdent	ils cédassent	ils aient cédé

INFINITIVE	PARTICIPLE	NOTE
PRESENT	PRESENT	décéder: *auxiliary* être
céder	cédant	
PAST	PAST	
avoir cédé	cédé	

CELEBRER
to celebrate

PRESENT	**IMPERFECT**	**FUTURE**
je célèbre	je célébrais	je célébrerai
tu célèbres	tu célébrais	tu célébreras
il célèbre	il célébrait	il célébrera
nous célébrons	nous célébrions	nous célébrerons
vous célébrez	vous célébriez	vous célébrerez
ils célèbrent	ils célébraient	ils célébreront

PAST HISTORIC	**PERFECT**	**PLUPERFECT**
je célébrai	j'ai célébré	j'avais célébré
tu célébras	tu as célébré	tu avais célébré
il célébra	il a célébré	il avait célébré
nous célébrâmes	nous avons célébré	nous avions célébré
vous célébrâtes	vous avez célébré	vous aviez célébré
ils célébrèrent	ils ont célébré	ils avaient célébré

PAST ANTERIOR	**FUTURE PERFECT**
j'eus célébré etc	j'aurai célébré etc

IMPERATIVE	*CONDITIONAL*	
	PRESENT	**PAST**
célèbre	je célébrerais	j'aurais célébré
célébrons	tu célébrerais	tu aurais célébré
célébrez	il célébrerait	il aurait célébré
	nous célébrerions	nous aurions célébré
	vous célébreriez	vous auriez célébré
	ils célébreraient	ils auraient célébré

SUBJUNCTIVE

PRESENT	**IMPERFECT**	**PERFECT**
je célèbre	je célébrasse	j'aie célébré
tu célèbres	tu célébrasses	tu aies célébré
il célèbre	il célébrât	il ait célébré
nous célébrions	nous célébrassions	nous ayons célébré
vous célébriez	vous célébrassiez	vous ayez célébré
ils célèbrent	ils célébrassent	ils aient célébré

INFINITIVE	*PARTICIPLE*
PRESENT	**PRESENT**
célébrer	célébrant
PAST	**PAST**
avoir célébré	célébré

CHANTER
to sing

PRESENT

je chante
tu chantes
il chante
nous chantons
vous chantez
ils chantent

IMPERFECT

je chantais
tu chantais
il chantait
nous chantions
vous chantiez
ils chantaient

FUTURE

je chanterai
tu chanteras
il chantera
nous chanterons
vous chanterez
ils chanteront

PAST HISTORIC

je chantai
tu chantas
il chanta
nous chantâmes
vous chantâtes
ils chantèrent

PERFECT

j'ai chanté
tu as chanté
il a chanté
nous avons chanté
vous avez chanté
ils ont chanté

PLUPERFECT

j'avais chanté
tu avais chanté
il avait chanté
nous avions chanté
vous aviez chanté
ils avaient chanté

PAST ANTERIOR

j'eus chanté etc

FUTURE PERFECT

j'aurai chanté etc

IMPERATIVE

chante
chantons
chantez

CONDITIONAL

PRESENT

je chanterais
tu chanterais
il chanterait
nous chanterions
vous chanteriez
ils chanteraient

PAST

j'aurais chanté
tu aurais chanté
il aurait chanté
nous aurions chanté
vous auriez chanté
ils auraient chanté

SUBJUNCTIVE

PRESENT

je chante
tu chantes
il chante
nous chantions
vous chantiez
ils chantent

IMPERFECT

je chantasse
tu chantasses
il chantât
nous chantassions
vous chantassiez
ils chantassent

PERFECT

j'aie chanté
tu aies chanté
il ait chanté
nous ayons chanté
vous ayez chanté
ils aient chanté

INFINITIVE

PRESENT

chanter

PAST

avoir chanté

PARTICIPLE

PRESENT

chantant

PAST

chanté

NOTE

demeurer: *auxiliary* être
when it means 'to remain'
ressusciter: *auxiliary* être
when intransitive

PRESENT	IMPERFECT	FUTURE
je chois		
tu chois		
il choit		
ils choient		

PAST HISTORIC	PERFECT	PLUPERFECT
il chut	je suis chu	j'étais chu
	tu es chu	tu étais chu
	il est chu	il était chu
	nous sommes chus	nous étions chus
	vous êtes chu(s)	vous étiez chu(s)
	ils sont chus	ils étaient chus

PAST ANTERIOR	FUTURE PERFECT
il fut chu	il sera chu

IMPERATIVE	*CONDITIONAL*	
	PRESENT	**PAST**
		je serais chu
		tu serais chu
		il serait chu
		nous serions chus
		vous seriez chu(s)
		ils seraient chus

SUBJUNCTIVE		
PRESENT	**IMPERFECT**	**PERFECT**
	il chût	je sois chu
		tu sois chu
		il soit chu
		nous soyons chus
		vous soyez chu(s)
		ils soient chus

INFINITIVE	*PARTICIPLE*
PRESENT	**PRESENT**
choir	
PAST	**PAST**
être chu	chu

33 CLORE
to close

PRESENT	IMPERFECT	FUTURE
je clos	je clorai	je clorai
tu clos	tu cloras	tu cloras
il clôt	il clora	il clora
		nous clorons
		vous clorez
ils closent		ils cloront

PAST HISTORIC	PERFECT	PLUPERFECT
	j'ai clos	j'avais clos
	tu as clos	tu avais clos
	il a clos	il avait clos
	nous avons clos	nous avions clos
	vous avez clos	vous aviez clos
	ils ont clos	ils avaient clos

PAST ANTERIOR	FUTURE PERFECT
j'eus clos etc	j'aurai clos etc

IMPERATIVE	*CONDITIONAL*	
	PRESENT	**PAST**
clos	je clorais	j'aurais clos
	tu clorais	tu aurais clos
	il clorait	il aurait clos
	nous clorions	nous aurions clos
	vous cloriez	vous auriez clos
	ils cloraient	ils auraient clos

SUBJUNCTIVE		
PRESENT	**IMPERFECT**	**PERFECT**
je close		j'aie clos
tu closes		tu aies clos
il close		il ait clos
nous closions		nous ayons clos
vous closiez		vous ayez clos
ils closent		ils aient clos

INFINITIVE	*PARTICIPLE*
PRESENT	**PRESENT**
clore	
PAST	**PAST**
avoir clos	clos

COMMENCER
to start

PRESENT	IMPERFECT	FUTURE
je commence	je commençais	je commencerai
tu commences	tu commençais	tu commenceras
il commence	il commençait	il commencera
nous commençons	nous commencions	nous commencerons
vous commencez	vous commenciez	vous commencerez
ils commencent	ils commençaient	ils commenceront

PAST HISTORIC	PERFECT	PLUPERFECT
je commençai	j'ai commencé	j'avais commencé
tu commenças	tu as commencé	tu avais commencé
il commença	il a commencé	il avait commencé
nous commençâmes	nous avons commencé	nous avions commencé
vous commençâtes	vous avez commencé	vous aviez commencé
ils commencèrent	ils ont commencé	ils avaient commencé

PAST ANTERIOR	FUTURE PERFECT
j'eus commencé etc	j'aurai commencé etc

IMPERATIVE	*CONDITIONAL*	
	PRESENT	PAST
commence	je commencerais	j'aurais commencé
commençons	tu commencerais	tu aurais commencé
commencez	il commencerait	il aurait commencé
	nous commencerions	nous aurions commencé
	vous commenceriez	vous auriez commencé
	ils commenceraient	ils auraient commencé

SUBJUNCTIVE

PRESENT	IMPERFECT	PERFECT
je commence	je commençasse	j'aie commencé
tu commences	tu commençasses	tu aies commencé
il commence	il commençât	il ait commencé
nous commencions	nous commençassions	nous ayons commencé
vous commenciez	vous commençassiez	vous ayez commencé
ils commencent	ils commençassent	ils aient commencé

INFINITIVE	*PARTICIPLE*
PRESENT	PRESENT
commencer	commençant
PAST	PAST
avoir commencé	commencé

35 COMPLETER
to complete

PRESENT
je complète
tu complètes
il complète
nous complétons
vous complétez
ils complètent

IMPERFECT
je complétais
tu complétais
il complétait
nous complétions
vous complétiez
ils complétaient

FUTURE
je compléterai
tu compléteras
il complétera
nous compléterons
vous compléterez
ils compléteront

PAST HISTORIC
je complétai
tu complétas
il compléta
nous complétâmes
vous complétâtes
ils complétèrent

PERFECT
j'ai complété
tu as complété
il a complété
nous avons complété
vous avez complété
ils ont complété

PLUPERFECT
j'avais complété
tu avais complété
il avait complété
nous avions complété
vous aviez complété
ils avaient complété

PAST ANTERIOR
j'eus complété etc

FUTURE PERFECT
j'aurai complété etc

IMPERATIVE

complète
complétons
complétez

CONDITIONAL

PRESENT
je compléterais
tu compléterais
il compléterait
nous compléterions
vous compléteriez
ils compléteraient

PAST
j'aurais complété
tu aurais complété
il aurait complété
nous aurions complété
vous auriez complété
ils auraient complété

SUBJUNCTIVE
PRESENT
je complète
tu complètes
il complète
nous complétions
vous complétiez
ils complètent

IMPERFECT
je complétasse
tu complétasses
il complétât
nous complétassions
vous complétassiez
ils complétassent

PERFECT
j'aie complété
tu aies complété
il ait complété
nous ayons complété
vous ayez complété
ils aient complété

INFINITIVE
PRESENT
compléter
PAST
avoir complété

PARTICIPLE
PRESENT
complétant
PAST
complété

COMPRENDRE
to understand

PRESENT
je comprends
tu comprends
il comprend
nous comprenons
vous comprenez
ils comprennent

IMPERFECT
je comprenais
tu comprenais
il comprenait
nous comprenions
vous compreniez
ils comprenaient

FUTURE
je comprendrai
tu comprendras
il comprendra
nous comprendrons
vous comprendrez
ils comprendront

PAST HISTORIC
je compris
tu compris
il comprit
nous comprîmes
vous comprîtes
ils comprirent

PERFECT
j'ai compris
tu as compris
il a compris
nous avons compris
vous avez compris
ils ont compris

PLUPERFECT
j'avais compris
tu avais compris
il avait compris
nous avions compris
vous aviez compris
ils avaient compris

PAST ANTERIOR
j'eus compris etc

FUTURE PERFECT
j'aurai compris etc

IMPERATIVE

comprends
comprenons
comprenez

CONDITIONAL
PRESENT
je comprendrais
tu comprendrais
il comprendrait
nous comprendrions
vous comprendriez
ils comprendraient

PAST
j'aurais compris
tu aurais compris
il aurait compris
nous aurions compris
vous auriez compris
ils auraient compris

SUBJUNCTIVE
PRESENT
je comprenne
tu comprennes
il comprenne
nous comprenions
vous compreniez
ils comprennent

IMPERFECT
je comprisse
tu comprisses
il comprît
nous comprissions
vous comprissiez
ils comprissent

PERFECT
j'aie compris
tu aies compris
il ait compris
nous ayons compris
vous ayez compris
ils aient compris

INFINITIVE
PRESENT
comprendre

PAST
avoir compris

PARTICIPLE
PRESENT
comprenant

PAST
compris

37 CONCLURE
to conclude

PRESENT

je conclus
tu conclus
il conclut
nous concluons
vous concluez
ils concluent

IMPERFECT

je concluais
tu concluais
il concluait
nous concluions
vous concluiez
ils concluaient

FUTURE

je conclurai
tu concluras
il conclura
nous conclurons
vous conclurez
ils concluront

PAST HISTORIC

je conclus
tu conclus
il conclut
nous conclûmes
vous conclûtes
ils conclurent

PERFECT

j'ai conclu
tu as conclu
il a conclu
nous avons conclu
vous avez conclu
ils ont conclu

PLUPERFECT

j'avais conclu
tu avais conclu
il avait conclu
nous avions conclu
vous aviez conclu
ils avaient conclu

PAST ANTERIOR

j'eus conclu etc

FUTURE PERFECT

j'aurai conclu etc

IMPERATIVE

conclus
concluons
concluez

CONDITIONAL

PRESENT

je conclurais
tu conclurais
il conclurait
nous conclurions
vous concluriez
ils concluraient

PAST

j'aurais conclu
tu aurais conclu
il aurait conclu
nous aurions conclu
vous auriez conclu
ils auraient conclu

SUBJUNCTIVE

PRESENT

je conclue
tu conclues
il conclue
nous concluions
vous concluiez
ils concluent

IMPERFECT

je conclusse
tu conclusses
il conclût
nous conclussions
vous conclussiez
ils conclussent

PERFECT

j'aie conclu
tu aies conclu
il ait conclu
nous ayons conclu
vous ayez conclu
ils aient conclu

INFINITIVE

PRESENT

conclure

PAST

avoir conclu

PARTICIPLE

PRESENT

concluant

PAST

conclu

CONDUIRE
to lead, to drive

38

PRESENT
je conduis
tu conduis
il conduit
nous conduisons
vous conduisez
ils conduisent

IMPERFECT
je conduisais
tu conduisais
il conduisait
nous conduisions
vous conduisiez
ils conduisaient

FUTURE
je conduirai
tu conduiras
il conduira
nous conduirons
vous conduirez
ils conduiront

PAST HISTORIC
je conduisis
tu conduisis
il conduisit
nous conduisîmes
vous conduisîtes
ils conduisirent

PERFECT
j'ai conduit
tu as conduit
il a conduit
nous avons conduit
vous avez conduit
ils ont conduit

PLUPERFECT
j'avais conduit
tu avais conduit
il avait conduit
nous avions conduit
vous aviez conduit
ils avaient conduit

PAST ANTERIOR
j'eus conduit etc

FUTURE PERFECT
j'aurai conduit etc

IMPERATIVE

conduis
conduisons
conduisez

CONDITIONAL
PRESENT
je conduirais
tu conduirais
il conduirait
nous conduirions
vous conduiriez
ils conduiraient

PAST
j'aurais conduit
tu aurais conduit
il aurait conduit
nous aurions conduit
vous auriez conduit
ils auraient conduit

SUBJUNCTIVE
PRESENT
je conduise
tu conduises
il conduise
nous conduisions
vous conduisiez
ils conduisent

IMPERFECT
je conduisisse
tu conduisisses
il conduisît
nous conduisissions
vous conduisissiez
ils conduisissent

PERFECT
j'aie conduit
tu aies conduit
il ait conduit
nous ayons conduit
vous ayez conduit
ils aient conduit

INFINITIVE
PRESENT
conduire

PAST
avoir conduit

PARTICIPLE
PRESENT
conduisant

PAST
conduit

39

CONFIRE
to preserve

PRESENT	IMPERFECT	FUTURE
je confis	je confisais	je confirai
tu confis	tu confisais	tu confiras
il confit	il confisait	il confira
nous confisons	nous confisions	nous confirons
vous confisez	vous confisiez	vous confirez
ils confisent	ils confisaient	ils confiront

PAST HISTORIC	PERFECT	PLUPERFECT
je confis	j'ai confit	j'avais confit
tu confis	tu as confit	tu avais confit
il confit	il a confit	il avait confit
nous confîmes	nous avons confit	nous avions confit
vous confîtes	vous avez confit	vous aviez confit
ils confirent	ils ont confit	ils avaient confit

PAST ANTERIOR	FUTURE PERFECT
j'eus confit etc	j'aurai confit etc

IMPERATIVE	CONDITIONAL	
	PRESENT	PAST
confis	je confirais	j'aurais confit
confisons	tu confirais	tu aurais confit
confisez	il confirait	il aurait confit
	nous confirions	nous aurions confit
	vous confiriez	vous auriez confit
	ils confiraient	ils auraient confit

SUBJUNCTIVE

PRESENT	IMPERFECT	PERFECT
je confise	je confisse	j'aie confit
tu confises	tu confisses	tu aies confit
il confise	il confît	il ait confit
nous confisions	nous confissions	nous ayons confit
vous confisiez	vous confissiez	vous ayez confit
ils confisent	ils confissent	ils aient confit

INFINITIVE	PARTICIPLE
PRESENT	PRESENT
confire	confisant
PAST	PAST
avoir confit	confit

CONNAITRE
to know

PRESENT	IMPERFECT	FUTURE
je connais	je connaissais	je connaîtrai
tu connais	tu connaissais	tu connaîtras
il connaît	il connaissait	il connaîtra
nous connaissons	nous connaissions	nous connaîtrons
vous connaissez	vous connaissiez	vous connaîtrez
ils connaissent	ils connaissaient	ils connaîtront

PAST HISTORIC	PERFECT	PLUPERFECT
je connus	j'ai connu	j'avais connu
tu connus	tu as connu	tu avais connu
il connut	il a connu	il avait connu
nous connûmes	nous avons connu	nous avions connu
vous connûtes	vous avez connu	vous aviez connu
ils connurent	ils ont connu	ils avaient connu

PAST ANTERIOR	FUTURE PERFECT
j'eus connu etc	j'aurai connu etc

IMPERATIVE	CONDITIONAL	
	PRESENT	PAST
connais	je connaîtrais	j'aurais connu
connaissons	tu connaîtrais	tu aurais connu
connaissez	il connaîtrait	il aurait connu
	nous connaîtrions	nous aurions connu
	vous connaîtriez	vous auriez connu
	ils connaîtraient	ils auraient connu

SUBJUNCTIVE

PRESENT	IMPERFECT	PERFECT
je connaisse	je connusse	j'aie connu
tu connaisses	tu connusses	tu aies connu
il connaisse	il connût	il ait connu
nous connaissions	nous connussions	nous ayons connu
vous connaissiez	vous connussiez	vous ayez connu
ils connaissent	ils connussent	ils aient connu

INFINITIVE	PARTICIPLE
PRESENT	PRESENT
connaître	connaissant
PAST	PAST
avoir connu	connu

CONSEILLER
to advise

PRESENT
je conseille
tu conseilles
il conseille
nous conseillons
vous conseillez
ils conseillent

IMPERFECT
je conseillais
tu conseillais
il conseillait
nous conseillions
vous conseilliez
ils conseillaient

FUTURE
je conseillerai
tu conseilleras
il conseillera
nous conseillerons
vous conseillerez
ils conseilleront

PAST HISTORIC
je conseillai
tu conseillas
il conseilla
nous conseillâmes
vous conseillâtes
ils conseillèrent

PERFECT
j'ai conseillé
tu as conseillé
il a conseillé
nous avons conseillé
vous avez conseillé
ils ont conseillé

PLUPERFECT
j'avais conseillé
tu avais conseillé
il avait conseillé
nous avions conseillé
vous aviez conseillé
ils avaient conseillé

PAST ANTERIOR
j'eus conseillé etc

FUTURE PERFECT
j'aurai conseillé etc

IMPERATIVE

conseille
conseillons
conseillez

CONDITIONAL
PRESENT
je conseillerais
tu conseillerais
il conseillerait
nous conseillerions
vous conseilleriez
ils conseilleraient

PAST
j'aurais conseillé
tu aurais conseillé
il aurait conseillé
nous aurions conseillé
vous auriez conseillé
ils auraient conseillé

SUBJUNCTIVE
PRESENT
je conseille
tu conseilles
il conseille
nous conseillions
vous conseilliez
ils conseillent

IMPERFECT
je conseillasse
tu conseillasses
il conseillât
nous conseillassions
vous conseillassiez
ils conseillassent

PERFECT
j'aie conseillé
tu aies conseillé
il ait conseillé
nous ayons conseillé
vous ayez conseillé
ils aient conseillé

INFINITIVE
PRESENT
conseiller

PAST
avoir conseillé

PARTICIPLE
PRESENT
conseillant

PAST
conseillé

COUDRE
to sew

PRESENT	IMPERFECT	FUTURE
je couds	je cousais	je coudrai
tu couds	tu cousais	tu coudras
il coud	il cousait	il coudra
nous cousons	nous cousions	nous coudrons
vous cousez	vous cousiez	vous coudrez
ils cousent	ils cousaient	ils coudront

PAST HISTORIC	PERFECT	PLUPERFECT
je cousis	j'ai cousu	j'avais cousu
tu cousis	tu as cousu	tu avais cousu
il cousit	il a cousu	il avait cousu
nous cousîmes	nous avons cousu	nous avions cousu
vous cousîtes	vous avez cousu	vous aviez cousu
ils cousirent	ils ont cousu	ils avaient cousu

PAST ANTERIOR	FUTURE PERFECT
j'eus cousu etc	j'aurai cousu etc

IMPERATIVE	CONDITIONAL	
	PRESENT	PAST
couds	je coudrais	j'aurais cousu
cousons	tu coudrais	tu aurais cousu
cousez	il coudrait	il aurait cousu
	nous coudrions	nous aurions cousu
	vous coudriez	vous auriez cousu
	ils coudraient	ils auraient cousu

SUBJUNCTIVE

PRESENT	IMPERFECT	PERFECT
je couse	je cousisse	j'aie cousu
tu couses	tu cousisses	tu aies cousu
il couse	il cousît	il ait cousu
nous cousions	nous cousissions	nous ayons cousu
vous cousiez	vous cousissiez	vous ayez cousu
ils cousent	ils cousissent	ils aient cousu

INFINITIVE	PARTICIPLE
PRESENT	PRESENT
coudre	cousant
PAST	PAST
avoir cousu	cousu

COURIR
to run

PRESENT

je cours
tu cours
il court
nous courons
vous courez
ils courent

IMPERFECT

je courais
tu courais
il courait
nous courions
vous couriez
ils couraient

FUTURE

je courrai
tu courras
il courra
nous courrons
vous courrez
ils courront

PAST HISTORIC

je courus
tu courus
il courut
nous courûmes
vous courûtes
ils coururent

PERFECT

j'ai couru
tu as couru
il a couru
nous avons couru
vous avez couru
ils ont couru

PLUPERFECT

j'avais couru
tu avais couru
il avait couru
nous avions couru
vous aviez couru
ils avaient couru

PAST ANTERIOR

j'eus couru etc

FUTURE PERFECT

j'aurai couru etc

IMPERATIVE

cours
courons
courez

CONDITIONAL

PRESENT

je courrais
tu courrais
il courrait
nous courrions
vous courriez
ils courraient

PAST

j'aurais couru
tu aurais couru
il aurait couru
nous aurions couru
vous auriez couru
ils auraient couru

SUBJUNCTIVE

PRESENT

je coure
tu coures
il coure
nous courions
vous couriez
ils courent

IMPERFECT

je courusse
tu courusses
il courût
nous courussions
vous courussiez
ils courussent

PERFECT

j'aie couru
tu aies couru
il ait couru
nous ayons couru
vous ayez couru
ils aient couru

INFINITIVE

PRESENT

courir

PAST

avoir couru

PARTICIPLE

PRESENT

courant

PAST

couru

NOTE

accourir: *auxiliary* avoir
or être

PRESENT	**IMPERFECT**	**FUTURE**
je couvre	je couvrais	je couvrirai
tu couvres	tu couvrais	tu couvriras
il couvre	il couvrait	il couvrira
nous couvrons	nous couvrions	nous couvrirons
vous couvrez	vous couvriez	vous couvrirez
ils couvrent	ils couvraient	ils couvriront

PAST HISTORIC	**PERFECT**	**PLUPERFECT**
je couvris	j'ai couvert	j'avais couvert
tu couvris	tu as couvert	tu avais couvert
il couvrit	il a couvert	il avait couvert
nous couvrîmes	nous avons couvert	nous avions couvert
vous couvrîtes	vous avez couvert	vous aviez couvert
ils couvrirent	ils ont couvert	ils avaient couvert

PAST ANTERIOR	**FUTURE PERFECT**
j'eus couvert etc	j'aurai couvert etc

IMPERATIVE	*CONDITIONAL*	
	PRESENT	**PAST**
couvre	je couvrirais	j'aurais couvert
couvrons	tu couvrirais	tu aurais couvert
couvrez	il couvrirait	il aurait couvert
	nous couvririons	nous aurions couvert
	vous couvririez	vous auriez couvert
	ils couvriraient	ils auraient couvert

SUBJUNCTIVE

PRESENT	**IMPERFECT**	**PERFECT**
je couvre	je couvrisse	j'aie couvert
tu couvres	tu couvrisses	tu aies couvert
il couvre	il couvrît	il ait couvert
nous couvrions	nous couvrissions	nous ayons couvert
vous couvriez	vous couvrissiez	vous ayez couvert
ils couvrent	ils couvrissent	ils aient couvert

INFINITIVE	*PARTICIPLE*
PRESENT	**PRESENT**
couvrir	couvrant
PAST	**PAST**
avoir couvert	couvert

CRAINDRE
to fear

PRESENT

je crains
tu crains
il craint
nous craignons
vous craignez
ils craignent

IMPERFECT

je craignais
tu craignais
il craignait
nous craignions
vous craigniez
ils craignaient

FUTURE

je craindrai
tu craindras
il craindra
nous craindrons
vous craindrez
ils craindront

PAST HISTORIC

je craignis
tu craignis
il craignit
nous craignîmes
vous craignîtes
ils craignirent

PERFECT

j'ai craint
tu as craint
il a craint
nous avons craint
vous avez craint
ils ont craint

PLUPERFECT

j'avais craint
tu avais craint
il avait craint
nous avions craint
vous aviez craint
ils avaient craint

PAST ANTERIOR

j'eus craint etc

FUTURE PERFECT

j'aurai craint etc

IMPERATIVE

crains
craignons
craignez

CONDITIONAL

PRESENT

je craindrais
tu craindrais
il craindrait
nous craindrions
vous craindriez
ils craindraient

PAST

j'aurais craint
tu aurais craint
il aurait craint
nous aurions craint
vous auriez craint
ils auraient craint

SUBJUNCTIVE

PRESENT

je craigne
tu craignes
il craigne
nous craignions
vous craigniez
ils craignent

IMPERFECT

je craignisse
tu craignisses
il craignît
nous craignissions
vous craignissiez
ils craignissent

PERFECT

j'aie craint
tu aies craint
il ait craint
nous ayons craint
vous ayez craint
ils aient craint

INFINITIVE

PRESENT

craindre

PAST

avoir craint

PARTICIPLE

PRESENT

craignant

PAST

craint

CREER
to create

PRESENT	IMPERFECT	FUTURE
je crée	je créais	je créerai
tu crées	tu créais	tu créeras
il crée	il créait	il créera
nous créons	nous créions	nous créerons
vous créez	vous créiez	vous créerez
ils créent	ils créaient	ils créeront

PAST HISTORIC	PERFECT	PLUPERFECT
je créai	j'ai créé	j'avais créé
tu créas	tu as créé	tu avais créé
il créa	il a créé	il avait créé
nous créâmes	nous avons créé	nous avions créé
vous créâtes	vous avez créé	vous aviez créé
ils créèrent	ils ont créé	ils avaient créé

PAST ANTERIOR	FUTURE PERFECT
j'eus créé etc	j'aurai créé etc

IMPERATIVE	CONDITIONAL	
	PRESENT	PAST
crée	je créerais	j'aurais créé
créons	tu créerais	tu aurais créé
créez	il créerait	il aurait créé
	nous créerions	nous aurions créé
	vous créeriez	vous auriez créé
	ils créeraient	ils auraient créé

SUBJUNCTIVE

PRESENT	IMPERFECT	PERFECT
je crée	je créasse	j'aie créé
tu crées	tu créasses	tu aies créé
il crée	il créât	il ait créé
nous créions	nous créassions	nous ayons créé
vous créiez	vous créassiez	vous ayez créé
ils créent	ils créassent	ils aient créé

INFINITIVE	PARTICIPLE
PRESENT	PRESENT
créer	créant
PAST	PAST
avoir créé	créé

47 CRIER
to shout

PRESENT	IMPERFECT	FUTURE
je crie	je criais	je crierai
tu cries	tu criais	tu crieras
il crie	il criait	il criera
nous crions	nous criions	nous crierons
vous criez	vous criiez	vous crierez
ils crient	ils criaient	ils crieront

PAST HISTORIC	PERFECT	PLUPERFECT
je criai	j'ai crié	j'avais crié
tu crias	tu as crié	tu avais crié
il cria	il a crié	il avait crié
nous criâmes	nous avons crié	nous avions crié
vous criâtes	vous avez crié	vous aviez crié
ils crièrent	ils ont crié	ils avaient crié

PAST ANTERIOR	FUTURE PERFECT
j'eus crié etc	j'aurai crié etc

IMPERATIVE	CONDITIONAL	
	PRESENT	PAST
crie	je crierais	j'aurais crié
crions	tu crierais	tu aurais crié
criez	il crierait	il aurait crié
	nous crierions	nous aurions crié
	vous crieriez	vous auriez crié
	ils crieraient	ils auraient crié

SUBJUNCTIVE

PRESENT	IMPERFECT	PERFECT
je crie	je criasse	j'aie crié
tu cries	tu criasses	tu aies crié
il crie	il criât	il ait crié
nous criions	nous criassions	nous ayons crié
vous criiez	vous criassiez	vous ayez crié
ils crient	ils criassent	ils aient crié

INFINITIVE	PARTICIPLE
PRESENT	PRESENT
crier	criant
PAST	PAST
avoir crié	crié

PRESENT	**IMPERFECT**	**FUTURE**
je crois	je croyais	je croirai
tu crois	tu croyais	tu croiras
il croit	il croyait	il croira
nous croyons	nous croyions	nous croirons
vous croyez	vous croyiez	vous croirez
ils croient	ils croyaient	ils croiront

PAST HISTORIC	**PERFECT**	**PLUPERFECT**
je crus	j'ai cru	j'avais cru
tu crus	tu as cru	tu avais cru
il crut	il a cru	il avait cru
nous crûmes	nous avons cru	nous avions cru
vous crûtes	vous avez cru	vous aviez cru
ils crurent	ils ont cru	ils avaient cru

PAST ANTERIOR	**FUTURE PERFECT**
j'eus cru etc	j'aurai cru etc

IMPERATIVE	**CONDITIONAL**	
	PRESENT	**PAST**
crois	je croirais	j'aurais cru
croyons	tu croirais	tu aurais cru
croyez	il croirait	il aurait cru
	nous croirions	nous aurions cru
	vous croiriez	vous auriez cru
	ils croiraient	ils auraient cru

SUBJUNCTIVE

PRESENT	**IMPERFECT**	**PERFECT**
je croie	je crusse	j'aie cru
tu croies	tu crusses	tu aies cru
il croie	il crût	il ait cru
nous croyions	nous crussions	nous ayons cru
vous croyiez	vous crussiez	vous ayez cru
ils croient	ils crussent	ils aient cru

INFINITIVE	**PARTICIPLE**
PRESENT	**PRESENT**
croire	croyant
PAST	**PAST**
avoir cru	cru

CROITRE
to grow

PRESENT

je crois
tu crois
il croît
nous croissons
vous croissez
ils croissent

IMPERFECT

je croissais
tu croissais
il croissait
nous croissions
vous croissiez
ils croissaient

FUTURE

je croîtrai
tu croîtras
il croîtra
nous croîtrons
vous croîtrez
ils croîtront

PAST HISTORIC

je crûs
tu crûs
il crût
nous crûmes
vous crûtes
ils crûrent

PERFECT

j'ai crû
tu as crû
il a crû
nous avons crû
vous avez crû
ils ont crû

PLUPERFECT

j'avais crû
tu avais crû
il avait crû
nous avions crû
vous aviez crû
ils avaient crû

PAST ANTERIOR

j'eus crû etc

FUTURE PERFECT

j'aurai crû etc

IMPERATIVE

crois
croissons
croissez

CONDITIONAL

PRESENT

je croîtrais
tu croîtrais
il croîtrait
nous croîtrions
vous croîtriez
ils croîtraient

PAST

j'aurais crû
tu aurais crû
il aurait crû
nous aurions crû
vous auriez crû
ils auraient crû

SUBJUNCTIVE

PRESENT

je croisse
tu croisses
il croisse
nous croissions
vous croissiez
ils croissent

IMPERFECT

je crûsse
tu crûsses
il crût
nous crûssions
vous crûssiez
ils crûssent

PERFECT

j'aie crû
tu aies crû
il ait crû
nous ayons crû
vous ayez crû
ils aient crû

INFINITIVE

PRESENT

croître

PAST

avoir crû

PARTICIPLE

PRESENT

croissant

PAST

crû (crue, crus)

CUEILLIR
to pick

PRESENT	IMPERFECT	FUTURE
je cueille	je cueillais	je cueillerai
tu cueilles	tu cueillais	tu cueilleras
il cueille	il cueillait	il cueillera
nous cueillons	nous cueillions	nous cueillerons
vous cueillez	vous cueilliez	vous cueillerez
ils cueillent	ils cueillaient	ils cueilleront

PAST HISTORIC ·	PERFECT	PLUPERFECT
je cueillis	j'ai cueilli	j'avais cueilli
tu cueillis	tu as cueilli	tu avais cueilli
il cueillit	il a cueilli	il avait cueilli
nous cueillîmes	nous avons cueilli	nous avions cueilli
vous cueillîtes	vous avez cueilli	vous aviez cueilli
ils cueillirent	ils ont cueilli	ils avaient cueilli

PAST ANTERIOR	FUTURE PERFECT
j'eus cueilli etc	j'aurai cueilli etc

IMPERATIVE

CONDITIONAL

	PRESENT	PAST
cueille	je cueillerais	j'aurais cueilli
cueillons	tu cueillerais	tu aurais cueilli
cueillez	il cueillerait	il aurait cueilli
	nous cueillerions	nous aurions cueilli
	vous cueilleriez	vous auriez cueilli
	ils cueilleraient	ils auraient cueilli

SUBJUNCTIVE

PRESENT	IMPERFECT	PERFECT
je cueille	je cueillisse	j'aie cueilli
tu cueilles	tu cueillisses	tu aies cueilli
il cueille	il cueillît	il ait cueilli
nous cueillions	nous cueillissions	nous ayons cueilli
vous cueilliez	vous cueillissiez	vous ayez cueilli
ils cueillent	ils cueillissent	ils aient cueilli

INFINITIVE

PARTICIPLE

PRESENT	PRESENT
cueillir	cueillant

PAST	PAST
avoir cueilli	cueilli

CUIRE
to cook

PRESENT	IMPERFECT	FUTURE
je cuis	je cuisais	je cuirai
tu cuis	tu cuisais	tu cuiras
il cuit	il cuisait	il cuira
nous cuisons	nous cuisions	nous cuirons
vous cuisez	vous cuisiez	vous cuirez
ils cuisent	ils cuisaient	ils cuiront

PAST HISTORIC	PERFECT	PLUPERFECT
je cuisis	j'ai cuit	j'avais cuit
tu cuisis	tu as cuit	tu avais cuit
il cuisit	il a cuit	il avait cuit
nous cuisîmes	nous avons cuit	nous avions cuit
vous cuisîtes	vous avez cuit	vous aviez cuit
ils cuisirent	ils ont cuit	ils avaient cuit

PAST ANTERIOR	FUTURE PERFECT
j'eus cuit etc	j'aurai cuit etc

IMPERATIVE	CONDITIONAL	
	PRESENT	PAST
cuis	je cuirais	j'aurais cuit
cuisons	tu cuirais	tu aurais cuit
cuisez	il cuirait	il aurait cuit
	nous cuirions	nous aurions cuit
	vous cuiriez	vous auriez cuit
	ils cuiraient	ils auraient cuit

SUBJUNCTIVE	IMPERFECT	PERFECT
PRESENT		
je cuise	je cuisisse	j'aie cuit
tu cuises	tu cuisisses	tu aies cuit
il cuise	il cuisît	il ait cuit
nous cuisions	nous cuisissions	nous ayons cuit
vous cuisiez	vous cuisissiez	vous ayez cuit
ils cuisent	ils cuisissent	ils aient cuit

INFINITIVE	PARTICIPLE
PRESENT	PRESENT
cuire	cuisant
PAST	PAST
avoir cuit	cuit

PRESENT	**IMPERFECT**	**FUTURE**
je déchois		je déchoirai
tu déchois		tu déchoiras
il déchoit		il déchoira
nous déchoyons		nous déchoirons
vous déchoyez		vous déchoirez
ils déchoient		ils déchoiront

PAST HISTORIC	**PERFECT**	**PLUPERFECT**
je déchus	j'ai déchu	j'avais déchu
tu déchus	tu as déchu	tu avais déchu
il déchut	il a déchu	il avait déchu
nous déchûmes	nous avons déchu	nous avions déchu
vous déchûtes	vous avez déchu	vous aviez déchu
ils déchurent	ils ont déchu	ils avaient déchu

PAST ANTERIOR	**FUTURE PERFECT**
j'eus déchu etc	j'aurai déchu etc

IMPERATIVE	*CONDITIONAL*	
	PRESENT	**PAST**
	je déchoirais	j'aurais déchu
	tu déchoirais	tu aurais déchu
	il déchoirait	il aurait déchu
	nous déchoirions	nous aurions déchu
	vous déchoiriez	vous auriez déchu
	ils déchoiraient	ils auraient déchu

SUBJUNCTIVE

PRESENT	**IMPERFECT**	**PERFECT**
je déchoie	je déchusse	j'aie déchu
tu déchoies	tu déchusses	tu aies déchu
il déchoie	il déchût	il ait déchu
nous déchoyions	nous déchussions	nous ayons déchu
vous déchoyiez	vous déchussiez	vous ayez déchu
ils déchoient	ils déchussent	ils aient déchu

INFINITIVE	*PARTICIPLE*	*NOTE*
PRESENT	**PRESENT**	*can also take auxiliary*
déchoir		être
PAST	**PAST**	
avoir déchu	déchu	

DECOUVRIR
to discover

PRESENT	IMPERFECT	FUTURE
je découvre	je découvrais	je découvrirai
tu découvres	tu découvrais	tu découvriras
il découvre	il découvrait	il découvrira
nous découvrons	nous découvrions	nous découvrirons
vous découvrez	vous découvriez	vous découvrirez
ils découvrent	ils découvraient	ils découvriront

PAST HISTORIC	PERFECT	PLUPERFECT
je découvris	j'ai découvert	j'avais découvert
tu découvris	tu as découvert	tu avais découvert
il découvrit	il a découvert	il avait découvert
nous découvrimes	nous avons découvert	nous avions découvert
vous découvrites	vous avez découvert	vous aviez découvert
ils découvrirent	ils ont découvert	ils avaient découvert

PAST ANTERIOR	FUTURE PERFECT
j'eus découvert etc	j'aurai découvert etc

IMPERATIVE	CONDITIONAL	
	PRESENT	PAST
découvre	je découvrirais	j'aurais découvert
découvrons	tu découvrirais	tu aurais découvert
découvrez	il découvrirait	il aurait découvert
	nous découvririons	nous aurions découvert
	vous découvririez	vous auriez découvert
	ils découvriraient	ils auraient découvert

SUBJUNCTIVE

PRESENT	IMPERFECT	PERFECT
je découvre	je découvrisse	j'aie découvert
tu découvres	tu découvrisses	tu aies découvert
il découvre	il découvrît	il ait découvert
nous découvrions	nous découvrissions	nous ayons découvert
vous découvriez	vous découvrissiez	vous ayez découvert
ils découvrent	ils découvrissent	ils aient découvert

INFINITIVE	PARTICIPLE
PRESENT	**PRESENT**
découvrir	découvrant
PAST	**PAST**
avoir découvert	découvert

DECRIRE
to describe

PRESENT	IMPERFECT	FUTURE
je décris	je décrivais	je décrirai
tu décris	tu décrivais	tu décriras
il décrit	il décrivait	il décrira
nous décrivons	nous décrivions	nous décrirons
vous décrivez	vous décriviez	vous décrirez
ils décrivent	ils décrivaient	ils décriront

PAST HISTORIC	PERFECT	PLUPERFECT
je décrivis	j'ai décrit	j'avais décrit
tu décrivis	tu as décrit	tu avais décrit
il décrivit	il a décrit	il avait décrit
nous décrivîmes	nous avons décrit	nous avions décrit
vous décrivîtes	vous avez décrit	vous aviez décrit
ils décrivirent	ils ont décrit	ils avaient décrit

PAST ANTERIOR	FUTURE PERFECT
j'eus décrit etc	j'aurai décrit etc

IMPERATIVE	CONDITIONAL	
	PRESENT	PAST
décris	je décrirais	j'aurais décrit
décrivons	tu décrirais	tu aurais décrit
décrivez	il décrirait	il aurait décrit
	nous décririons	nous aurions décrit
	vous décririez	vous auriez décrit
	ils décriraient	ils auraient décrit

SUBJUNCTIVE

PRESENT	IMPERFECT	PERFECT
je décrive	je décrivisse	j'aie décrit
tu décrives	tu décrivisses	tu aies décrit
il décrive	il décrivît	il ait décrit
nous décrivions	nous décrivissions	nous ayons décrit
vous décriviez	vous décrivissiez	vous ayez décrit
ils décrivent	ils décrivissent	ils aient décrit

INFINITIVE	PARTICIPLE
PRESENT	PRESENT
décrire	décrivant
PAST	PAST
avoir décrit	décrit

DEFAILLIR
to faint

PRESENT	IMPERFECT	FUTURE
je défaille	je défaillais	je défaillirai
tu défailles	tu défaillais	tu défailliras
il défaille	il défaillait	il défaillira
nous défaillons	nous défaillions	nous défaillirons
vous défaillez	vous défailliez	vous défaillirez
ils défaillent	ils défaillaient	ils défailliront

PAST HISTORIC	PERFECT	PLUPERFECT
je défaillis	j'ai défailli	j'avais défailli
tu défaillis	tu as défailli	tu avais défailli
il défaillit	il a défailli	il avait défailli
nous défaillîmes	nous avons défailli	nous avions défailli
vous défaillîtes	vous avez défailli	vous aviez défailli
ils défaillirent	ils ont défailli	ils avaient défailli

PAST ANTERIOR	FUTURE PERFECT
j'eus défailli etc	j'aurai défailli etc

IMPERATIVE	CONDITIONAL	
	PRESENT	PAST
défaille	je défaillirais	j'aurais défailli
défaillons	tu défaillirais	tu aurais défailli
défaillez	il défaillirait	il aurait défailli
	nous défaillirions	nous aurions défailli
	vous défailliriez	vous auriez défailli
	ils défailliraient	ils auraient défailli

SUBJUNCTIVE		
PRESENT	IMPERFECT	PERFECT
je défaille	je défaillisse	j'aie défailli
tu défailles	tu défaillisses	tu aies défailli
il défaille	il défaillît	il ait défailli
nous défaillions	nous défaillissions	nous ayons défailli
vous défailliez	vous défaillissiez	vous ayez défailli
ils défaillent	ils défaillissent	ils aient défailli

INFINITIVE	PARTICIPLE
PRESENT	PRESENT
défaillir	défaillant
PAST	PAST
avoir défailli	défailli

DEFENDRE
to defend, to forbid

PRESENT

je défends
tu défends
il défend
nous défendons
vous défendez
ils défendent

IMPERFECT

je défendais
tu défendais
il défendait
nous défendions
vous défendiez
ils défendaient

FUTURE

je défendrai
tu défendras
il défendra
nous défendrons
vous défendrez
ils défendront

PAST HISTORIC

je défendis
tu défendis
il défendit
nous défendîmes
vous défendîtes
ils défendirent

PERFECT

j'ai défendu
tu as défendu
il a défendu
nous avons défendu
vous avez défendu
ils ont défendu

PLUPERFECT

j'avais défendu
tu avais défendu
il avait défendu
nous avions défendu
vous aviez défendu
ils avaient défendu

PAST ANTERIOR

j'eus défendu etc

FUTURE PERFECT

j'aurai défendu etc

IMPERATIVE

défends
défendons
défendez

CONDITIONAL

PRESENT

je défendrais
tu défendrais
il défendrait
nous défendrions
vous défendriez
ils défendraient

PAST

j'aurais défendu
tu aurais défendu
il aurait défendu
nous aurions défendu
vous auriez défendu
ils auraient défendu

SUBJUNCTIVE

PRESENT

je défende
tu défendes
il défende
nous défendions
vous défendiez
ils défendent

IMPERFECT

je défendisse
tu défendisses
il défendît
nous défendissions
vous défendissiez
ils défendissent

PERFECT

j'aie défendu
tu aies défendu
il ait défendu
nous ayons défendu
vous ayez défendu
ils aient défendu

INFINITIVE

PRESENT

défendre

PAST

avoir défendu

PARTICIPLE

PRESENT

défendant

PAST

défendu

DEMONTER
to dismantle

PRESENT

je démonte
tu démontes
il démonte
nous démontons
vous démontez
ils démontent

IMPERFECT

je démontais
tu démontais
il démontait
nous démontions
vous démontiez
ils démontaient

FUTURE

je démonterai
tu démonteras
il démontera
nous démonterons
vous démonterez
ils démonteront

PAST HISTORIC

je démontai
tu démontas
il démonta
nous démontâmes
vous démontâtes
ils démontèrent

PERFECT

j'ai démonté
tu as démonté
il a démonté
nous avons démonté
vous avez démonté
ils ont démonté

PLUPERFECT

j'avais démonté
tu avais démonté
il avait démonté
nous avions démonté
vous aviez démonté
ils avaient démonté

PAST ANTERIOR

j'eus démonté etc

FUTURE PERFECT

j'aurai démonté etc

IMPERATIVE

démonte
démontons
démontez

CONDITIONAL

PRESENT

je démonterais
tu démonterais
il démonterait
nous démonterions
vous démonteriez
ils démonteraient

PAST

j'aurais démonté
tu aurais démonté
il aurait démonté
nous aurions démonté
vous auriez démonté
ils auraient démonté

SUBJUNCTIVE

PRESENT

je démonte
tu démontes
il démonte
nous démontions
vous démontiez
ils démontent

IMPERFECT

je démontasse
tu démontasses
il démontât
nous démontassions
vous démontassiez
ils démontassent

PERFECT

j'aie démonté
tu aies démonté
il ait démonté
nous ayons démonté
vous ayez démonté
ils aient démonté

INFINITIVE

PRESENT

démonter

PAST

avoir démonté

PARTICIPLE

PRESENT

démontant

PAST

démonté

DEPECER
to cut up

58

PRESENT

je dépèce
tu dépèces
il dépèce
nous dépeçons
vous dépecez
ils dépècent

PAST HISTORIC

je dépeçai
tu dépeças
il dépeça
nous dépeçâmes
vous dépeçâtes
ils dépecèrent

PAST ANTERIOR

j'eus dépecé etc

IMPERATIVE

dépèce
dépeçons
dépecez

IMPERFECT

je dépeçais
tu dépeçais
il dépeçait
nous dépecions
vous dépeciez
ils dépeçaient

PERFECT

j'ai dépecé
tu as dépecé
il a dépecé
nous avons dépecé
vous avez dépecé
ils ont dépecé

FUTURE PERFECT

j'aurai dépecé etc

CONDITIONAL

PRESENT

je dépècerais
tu dépècerais
il dépècerait
nous dépècerions
vous dépèceriez
ils dépèceraient

FUTURE

je dépècerai
tu dépèceras
il dépècera
nous dépècerons
vous dépècerez
ils dépèceront

PLUPERFECT

j'avais dépecé
tu avais dépecé
il avait dépecé
nous avions dépecé
vous aviez dépecé
ils avaient dépecé

PAST

j'aurais dépecé
tu aurais dépecé
il aurait dépecé
nous aurions dépecé
vous auriez dépecé
ils auraient dépecé

SUBJUNCTIVE

PRESENT

je dépèce
tu dépèces
il dépèce
nous dépecions
vous dépeciez
ils dépècent

INFINITIVE

PRESENT

dépecer

PAST

avoir dépecé

IMPERFECT

je dépeçasse
tu dépeçasses
il dépeçât
nous dépeçassions
vous dépeçassiez
ils dépeçassent

PARTICIPLE

PRESENT

dépeçant

PAST

dépecé

PERFECT

j'aie dépecé
tu aies dépecé
il ait dépecé
nous ayons dépecé
vous ayez dépecé
ils aient dépecé

DESCENDRE
to go down

PRESENT

je descends
tu descends
il descend
nous descendons
vous descendez
ils descendent

IMPERFECT

je descendais
tu descendais
il descendait
nous descendions
vous descendiez
ils descendaient

FUTURE

je descendrai
tu descendras
il descendra
nous descendrons
vous descendrez
ils descendront

PAST HISTORIC

je descendis
tu descendis
il descendit
nous descendîmes
vous descendîtes
ils descendirent

PERFECT

je suis descendu
tu es descendu
il est descendu
nous sommes descendus
vous êtes descendu(s)
ils sont descendus

PLUPERFECT

j'étais descendu
tu étais descendu
il était descendu
nous étions descendus
vous étiez descendu(s)
ils étaient descendus

PAST ANTERIOR

je fus descendu etc

FUTURE PERFECT

je serai descendu etc

IMPERATIVE

descends
descendons
descendez

CONDITIONAL

PRESENT

je descendrais
tu descendrais
il descendrait
nous descendrions
vous descendriez
ils descendraient

PAST

je serais descendu
tu serais descendu
il serait descendu
nous serions descendus
vous seriez descendu(s)
ils seraient descendus

SUBJUNCTIVE

PRESENT

je descende
tu descendes
il descende
nous descendions
vous descendiez
ils descendent

IMPERFECT

je descendisse
tu descendisses
il descendît
nous descendissions
vous descendissiez
ils descendissent

PERFECT

je sois descendu
tu sois descendu
il soit descendu
nous soyons descendus
vous soyez descendu(s)
ils soient descendus

INFINITIVE

PRESENT

descendre

PAST

être descendu

PARTICIPLE

PRESENT

descendant

PAST

descendu

NOTE

auxiliary avoir *when transitive*

DETRUIRE
to destroy

60

PRESENT

je détruis
tu détruis
il détruit
nous détruisons
vous détruisez
ils détruisent

IMPERFECT

je détruisais
tu détruisais
il détruisait
nous détruisions
vous détruisiez
ils détruisaient

FUTURE

je détruirai
tu détruiras
il détruira
nous détruirons
vous détruirez
ils détruiront

PAST HISTORIC

je détruisis
tu détruisis
il détruisit
nous détruisîmes
vous détruisîtes
ils détruisirent

PERFECT

j'ai détruit
tu as détruit
il a détruit
nous avons détruit
vous avez détruit
ils ont détruit

PLUPERFECT

j'avais détruit
tu avais détruit
il avait détruit
nous avions détruit
vous aviez détruit
ils avaient détruit

PAST ANTERIOR

j'eus détruit etc

FUTURE PERFECT

j'aurai détruit etc

IMPERATIVE

détruis
détruisons
détruisez

CONDITIONAL

PRESENT

je détruirais
tu détruirais
il détruirait
nous détruirions
vous détruiriez
ils détruiraient

PAST

j'aurais détruit
tu aurais détruit
il aurait détruit
nous aurions détruit
vous auriez détruit
ils auraient détruit

SUBJUNCTIVE

PRESENT

je détruise
tu détruises
il détruise
nous détruisions
vous détruisiez
ils détruisent

IMPERFECT

je détruisisse
tu détruisisses
il détruisît
nous détruisissions
vous détruisissiez
ils détruisissent

PERFECT

j'aie détruit
tu aies détruit
il ait détruit
nous ayons détruit
vous ayez détruit
ils aient détruit

INFINITIVE

PRESENT

détruire

PAST

avoir détruit

PARTICIPLE

PRESENT

détruisant

PAST

détruit

61 DEVENIR
to become

PRESENT

je deviens
tu deviens
il devient
nous devenons
vous devenez
ils deviennent

IMPERFECT

je devenais
tu devenais
il devenait
nous devenions
vous deveniez
ils devenaient

FUTURE

je deviendrai
tu deviendras
il deviendra
nous deviendrons
vous deviendrez
ils deviendront

PAST HISTORIC

je devins
tu devins
il devint
nous devînmes
vous devîntes
ils devinrent

PERFECT

je suis devenu
tu es devenu
il est devenu
nous sommes devenus
vous êtes devenu(s)
ils sont devenus

PLUPERFECT

j'étais devenu
tu étais devenu
il était devenu
nous étions devenus
vous étiez devenu(s)
ils étaient devenus

PAST ANTERIOR

je fus devenu etc

FUTURE PERFECT

je serai devenu etc

IMPERATIVE

deviens
devenons
devenez

CONDITIONAL

PRESENT

je deviendrais
tu deviendrais
il deviendrait
nous deviendrions
vous deviendriez
ils deviendraient

PAST

je serais devenu
tu serais devenu
il serait devenu
nous serions devenus
vous seriez devenu(s)
ils seraient devenus

SUBJUNCTIVE

PRESENT

je devienne
tu deviennes
il devienne
nous devenions
vous deveniez
ils deviennent

IMPERFECT

je devinsse
tu devinsses
il devînt
nous devinssions
vous devinssiez
ils devinssent

PERFECT

je sois devenu
tu sois devenu
il soit devenu
nous soyons devenus
vous soyez devenu(s)
ils soient devenus

INFINITIVE

PRESENT

devenir

PAST

être devenu

PARTICIPLE

PRESENT

devenant

PAST

devenu

DEVOIR
to have to

PRESENT	**IMPERFECT**	**FUTURE**
je dois	je devais	je devrai
tu dois	tu devais	tu devras
il doit	il devait	il devra
nous devons	nous devions	nous devrons
vous devez	vous deviez	vous devrez
ils doivent	ils devaient	ils devront

PAST HISTORIC	**PERFECT**	**PLUPERFECT**
je dus	j'ai dû	j'avais dû
tu dus	tu as dû	tu avais dû
il dut	il a dû	il avait dû
nous dûmes	nous avons dû	nous avions dû
vous dûtes	vous avez dû	vous aviez dû
ils durent	ils ont dû	ils avaient dû

PAST ANTERIOR	**FUTURE PERFECT**
j'eus dû etc	j'aurai dû etc

IMPERATIVE	**CONDITIONAL**	
	PRESENT	**PAST**
dois	je devrais	j'aurais dû
devons	tu devrais	tu aurais dû
devez	il devrait	il aurait dû
	nous devrions	nous aurions dû
	vous devriez	vous auriez dû
	ils devraient	ils auraient dû

SUBJUNCTIVE

PRESENT	**IMPERFECT**	**PERFECT**
je doive	je dusse	j'aie dû
tu doives	tu dusses	tu aies dû
il doive	il dût	il ait dû
nous devions	nous dussions	nous ayons dû
vous deviez	vous dussiez	vous ayez dû
ils doivent	ils dussent	ils aient dû

INFINITIVE	**PARTICIPLE**
PRESENT	**PRESENT**
devoir	devant
PAST	**PAST**
avoir dû	dû (due, dus)

DIRE
to say

PRESENT	IMPERFECT	FUTURE
je dis	je disais	je dirai
tu dis	tu disais	tu diras
il dit	il disait	il dira
nous disons	nous disions	nous dirons
vous dites	vous disiez	vous direz
ils disent	ils disaient	ils diront

PAST HISTORIC	PERFECT	PLUPERFECT
je dis	j'ai dit	j'avais dit
tu dis	tu as dit	tu avais dit
il dit	il a dit	il avait dit
nous dîmes	nous avons dit	nous avions dit
vous dîtes	vous avez dit	vous aviez dit
ils dirent	ils ont dit	ils avaient dit

PAST ANTERIOR	FUTURE PERFECT
j'eus dit etc	j'aurai dit etc

IMPERATIVE	CONDITIONAL	
	PRESENT	PAST
dis	je dirais	j'aurais dit
disons	tu dirais	tu aurais dit
dites	il dirait	il aurait dit
	nous dirions	nous aurions dit
	vous diriez	vous auriez dit
	ils diraient	ils auraient dit

SUBJUNCTIVE		
PRESENT	IMPERFECT	PERFECT
je dise	je disse	j'aie dit
tu dises	tu disses	tu aies dit
il dise	il dît	il ait dit
nous disions	nous dissions	nous ayons dit
vous disiez	vous dissiez	vous ayez dit
ils disent	ils dissent	ils aient dit

INFINITIVE	PARTICIPLE
PRESENT	PRESENT
dire	disant
PAST	PAST
avoir dit	dit

DISSEQUER
to dissect

64

PRESENT
je dissèque
tu dissèques
il dissèque
nous disséquons
vous disséquez
ils dissèquent

IMPERFECT
je disséquais
tu disséquais
il disséquait
nous disséquions
vous disséquiez
ils disséquaient

FUTURE
je disséquerai
tu disséqueras
il disséquera
nous disséquerons
vous disséquerez
ils disséqueront

PAST HISTORIC
je disséquai
tu disséquas
il disséqua
nous disséquâmes
vous disséquâtes
ils disséquèrent

PERFECT
j'ai disséqué
tu as disséqué
il a disséqué
nous avons disséqué
vous avez disséqué
ils ont disséqué

PLUPERFECT
j'avais disséqué
tu avais disséqué
il avait disséqué
nous avions disséqué
vous aviez disséqué
ils avaient disséqué

PAST ANTERIOR
j'eus disséqué etc

FUTURE PERFECT
j'aurai disséqué etc

IMPERATIVE

dissèque
disséquons
disséquez

CONDITIONAL
PRESENT
je disséquerais
tu disséquerais
il disséquerait
nous disséquerions
vous disséqueriez
ils disséqueraient

PAST
j'aurais disséqué
tu aurais disséqué
il aurait disséqué
nous aurions disséqué
vous auriez disséqué
ils auraient disséqué

SUBJUNCTIVE
PRESENT
je dissèque
tu dissèques
il dissèque
nous disséquions
vous disséquiez
ils dissèquent

IMPERFECT
je disséquasse
tu disséquasses
il disséquât
nous disséquassions
vous disséquassiez
ils disséquassent

PERFECT
j'aie disséqué
tu aies disséqué
il ait disséqué
nous ayons disséqué
vous ayez disséqué
ils aient disséqué

INFINITIVE
PRESENT
disséquer
PAST
avoir disséqué

PARTICIPLE
PRESENT
disséquant
PAST
disséqué

DISSOUDRE
to dissolve

PRESENT	IMPERFECT	FUTURE
je dissous	je dissolvais	je dissoudrai
tu dissous	tu dissolvais	tu dissoudras
il dissout	il dissolvait	il dissoudra
nous dissolvons	nous dissolvions	nous dissoudrons
vous dissolvez	vous dissolviez	vous dissoudrez
ils dissolvent	ils dissolvaient	ils dissoudront

PAST HISTORIC	PERFECT	PLUPERFECT
je dissolus	j'ai dissous	j'avais dissous
tu dissolus	tu as dissous	tu avais dissous
il dissolut	il a dissous	il avait dissous
nous dissolûmes	nous avons dissous	nous avions dissous
vous dissolûtes	vous avez dissous	vous aviez dissous
ils dissolurent	ils ont dissous	ils avaient dissous

PAST ANTERIOR	FUTURE PERFECT
j'eus dissous etc	j'aurai dissous etc

IMPERATIVE	CONDITIONAL	
	PRESENT	PAST
dissous	je dissoudrais	j'aurais dissous
dissolvons	tu dissoudrais	tu aurais dissous
dissolvez	il dissoudrait	il aurait dissous
	nous dissoudrions	nous aurions dissous
	vous dissoudriez	vous auriez dissous
	ils dissoudraient	ils auraient dissous

SUBJUNCTIVE

PRESENT	IMPERFECT	PERFECT
je dissolve	je dissolusse	j'aie dissous
tu dissolves	tu dissolusses	tu aies dissous
il dissolve	il dissolût	il ait dissous
nous dissolvions	nous dissolussions	nous ayons dissous
vous dissolviez	vous dissolussiez	vous ayez dissous
ils dissolvent	ils dissolussent	ils aient dissous

INFINITIVE	PARTICIPLE
PRESENT	PRESENT
dissoudre	dissolvant
PAST	PAST
avoir dissous	dissous (dissoute)

DISTRAIRE
to distract

66

PRESENT
je distrais
tu distrais
il distrait
nous distrayons
vous distrayez
ils distraient

IMPERFECT
je distrayais
tu distrayais
il distrayait
nous distrayions
vous distrayiez
ils distrayaient

FUTURE
je distrairai
tu distrairas
il distraira
nous distrairons
vous distrairez
ils distrairont

PAST HISTORIC

PERFECT
j'ai distrait
tu as distrait
il a distrait
nous avons distrait
vous avez distrait
ils ont distrait

PLUPERFECT
j'avais distrait
tu avais distrait
il avait distrait
nous avions distrait
vous aviez distrait
ils avaient distrait

PAST ANTERIOR
j'eus distrait etc

FUTURE PERFECT
j'aurai distrait etc

IMPERATIVE

distrais
distrayons
distrayez

CONDITIONAL
PRESENT
je distrairais
tu distrairais
il distrairait
nous distrairions
vous distrairiez
ils distrairaient

PAST
j'aurais distrait
tu aurais distrait
il aurait distrait
nous aurions distrait
vous auriez distrait
ils auraient distrait

SUBJUNCTIVE
PRESENT
je distraie
tu distraies
il distraie
nous distrayions
vous distrayiez
ils distraient

IMPERFECT

PERFECT
j'aie distrait
tu aies distrait
il ait distrait
nous ayons distrait
vous ayez distrait
ils aient distrait

INFINITIVE
PRESENT
distraire
PAST
avoir distrait

PARTICIPLE
PRESENT
distrayant
PAST
distrait

NOTE
braire *and* traire: *no past historic or subjunctive imperfect*

DONNER
to give

PRESENT	IMPERFECT	FUTURE
je donne	je donnais	je donnerai
tu donnes	tu donnais	tu donneras
il donne	il donnait	il donnera
nous donnons	nous donnions	nous donnerons
vous donnez	vous donniez	vous donnerez
ils donnent	ils donnaient	ils donneront

PAST HISTORIC	PERFECT	PLUPERFECT
je donnai	j'ai donné	j'avais donné
tu donnas	tu as donné	tu avais donné
il donna	il a donné	il avait donné
nous donnâmes	nous avons donné	nous avions donné
vous donnâtes	vous avez donné	vous aviez donné
ils donnèrent	ils ont donné	ils avaient donné

PAST ANTERIOR	FUTURE PERFECT
j'eus donné etc	j'aurai donné etc

IMPERATIVE	*CONDITIONAL*	
	PRESENT	PAST
donne	je donnerais	j'aurais donné
donnons	tu donnerais	tu aurais donné
donnez	il donnerait	il aurait donné
	nous donnerions	nous aurions donné
	vous donneriez	vous auriez donné
	ils donneraient	ils auraient donné

SUBJUNCTIVE		
PRESENT	IMPERFECT	PERFECT
je donne	je donnasse	j'aie donné
tu donnes	tu donnasses	tu aies donné
il donne	il donnât	il ait donné
nous donnions	nous donnassions	nous ayons donné
vous donniez	vous donnassiez	vous ayez donné
ils donnent	ils donnassent	ils aient donné

INFINITIVE	*PARTICIPLE*
PRESENT	PRESENT
donner	donnant
PAST	PAST
avoir donné	donné

DORMIR
to sleep

PRESENT	**IMPERFECT**	**FUTURE**
je dors	je dormais	je dormirai
tu dors	tu dormais	tu dormiras
il dort	il dormait	il dormira
nous dormons	nous dormions	nous dormirons
vous dormez	vous dormiez	vous dormirez
ils dorment	ils dormaient	ils dormiront

PAST HISTORIC	**PERFECT**	**PLUPERFECT**
je dormis	j'ai dormi	j'avais dormi
tu dormis	tu as dormi	tu avais dormi
il dormit	il a dormi	il avait dormi
nous dormîmes	nous avons dormi	nous avions dormi
vous dormîtes	vous avez dormi	vous aviez dormi
ils dormirent	ils ont dormi	ils avaient dormi

PAST ANTERIOR	**FUTURE PERFECT**
j'eus dormi etc	j'aurai dormi etc

IMPERATIVE	*CONDITIONAL*	
	PRESENT	**PAST**
dors	je dormirais	j'aurais dormi
dormons	tu dormirais	tu aurais dormi
dormez	il dormirait	il aurait dormi
	nous dormirions	nous aurions dormi
	vous dormiriez	vous auriez dormi
	ils dormiraient	ils auraient dormi

SUBJUNCTIVE

PRESENT	**IMPERFECT**	**PERFECT**
je dorme	je dormisse	j'aie dormi
tu dormes	tu dormisses	tu aies dormi
il dorme	il dormît	il ait dormi
nous dormions	nous dormissions	nous ayons dormi
vous dormiez	vous dormissiez	vous ayez dormi
ils dorment	ils dormissent	ils aient dormi

INFINITIVE	*PARTICIPLE*
PRESENT	**PRESENT**
dormir	dormant
PAST	**PAST**
avoir dormi	dormi

ECHOIR
to expire

PRESENT	IMPERFECT	FUTURE
il échoit		il échoira

PAST HISTORIC	PERFECT	PLUPERFECT
il échut	il est échu	il était échu

PAST ANTERIOR	FUTURE PERFECT	
il fut échu	il sera échu	

IMPERATIVE	*CONDITIONAL*	
	PRESENT	**PAST**
	il échoirait	il serait échu
	ils échoiraient	

SUBJUNCTIVE	IMPERFECT	PERFECT
PRESENT	il échût	il soit échu

INFINITIVE	*PARTICIPLE*	
PRESENT	**PRESENT**	
échoir	échéant	
PAST	**PAST**	
être échu	échu	

ECLORE
to hatch, to open

PRESENT	**IMPERFECT**	**FUTURE**
il éclôt		il éclora
ils éclosent		ils écloront

PAST HISTORIC	**PERFECT**	**PLUPERFECT**
	il est éclos	il était éclos
	ils sont éclos	ils étaient éclos

PAST ANTERIOR	**FUTURE PERFECT**
il fut éclos etc	il sera éclos etc

IMPERATIVE	*CONDITIONAL*	
	PRESENT	**PAST**
	il éclorait	il serait éclos
	ils écloraient	ils seraient éclos

SUBJUNCTIVE		
PRESENT	**IMPERFECT**	**PERFECT**$_{14}$
il éclose		il soit éclos
ils éclosent		ils soient éclos

INFINITIVE	*PARTICIPLE*
PRESENT	**PRESENT**
éclore	
PAST	**PAST**
être éclos	éclos

ECREMER
to skim

PRESENT

j'écrème
tu écrèmes
il écrème
nous écrémons
vous écrémez
ils écrèment

IMPERFECT

j'écrémais
tu écrémais
il écrémait
nous écrémions
vous écrémiez
ils écrémaient

FUTURE

j'écrémerai
tu écrémeras
il écrémera
nous écrémerons
vous écrémerez
ils écrémeront

PAST HISTORIC

j'écrémai
tu écrémas
il écréma
nous écrémâmes
vous écrémâtes
ils écrémèrent

PERFECT

j'ai écrémé
tu as écrémé
il a écrémé
nous avons écrémé
vous avez écrémé
ils ont écrémé

PLUPERFECT

j'avais écrémé
tu avais écrémé
il avait écrémé
nous avions écrémé
vous aviez écrémé
ils avaient écrémé

PAST ANTERIOR

j'eus écrémé etc

FUTURE PERFECT

j'aurai écrémé etc

IMPERATIVE

écrème
écrémons
écrémez

CONDITIONAL

PRESENT

j'écrémerais
tu écrémerais
il écrémerait
nous écrémerions
vous écrémeriez
ils écrémeraient

PAST

j'aurais écrémé
tu aurais écrémé
il aurait écrémé
nous aurions écrémé
vous auriez écrémé
ils auraient écrémé

SUBJUNCTIVE

PRESENT

j'écrème
tu écrèmes
il écrème
nous écrémions
vous écrémiez
ils écrèment

IMPERFECT

j'écrémasse
tu écrémasses
il écrémât
nous écrémassions
vous écrémassiez
ils écrémassent

PERFECT

j'aie écrémé
tu aies écrémé
il ait écrémé
nous ayons écrémé
vous ayez écrémé
ils aient écrémé

INFINITIVE

PRESENT

écrémer

PAST

avoir écrémé

PARTICIPLE

PRESENT

écrémant

PAST

écrémé

ECRIRE
to write

PRESENT

j'écris
tu écris
il écrit
nous écrivons
vous écrivez
ils écrivent

IMPERFECT

j'écrivais
tu écrivais
il écrivait
nous écrivions
vous écriviez
ils écrivaient

FUTURE

j'écrirai
tu écriras
il écrira
nous écrirons
vous écrirez
ils écriront

PAST HISTORIC

j'écrivis
tu écrivis
il écrivit
nous écrivîmes
vous écrivîtes
ils écrivirent

PERFECT

j'ai écrit
tu as écrit
il a écrit
nous avons écrit
vous avez écrit
ils ont écrit

PLUPERFECT

j'avais écrit
tu avais écrit
il avait écrit
nous avions écrit
vous aviez écrit
ils avaient écrit

PAST ANTERIOR

j'eus écrit etc

FUTURE PERFECT

j'aurai écrit etc

IMPERATIVE

écris
écrivons
écrivez

CONDITIONAL

PRESENT

j'écrirais
tu écrirais
il écrirait
nous écririons
vous écririez
ils écriraient

PAST

j'aurais écrit
tu aurais écrit
il aurait écrit
nous aurions écrit
vous auriez écrit
ils auraient écrit

SUBJUNCTIVE

PRESENT

j'écrive
tu écrives
il écrive
nous écrivions
vous écriviez
ils écrivent

IMPERFECT

j'écrivisse
tu écrivisses
il écrivît
nous écrivissions
vous écrivissiez
ils écrivissent

PERFECT

j'aie écrit
tu aies écrit
il ait écrit
nous ayons écrit
vous ayez écrit
ils aient écrit

INFINITIVE

PRESENT

écrire

PAST

avoir écrit

PARTICIPLE

PRESENT

écrivant

PAST

écrit

ELEVER
to raise

PRESENT	**IMPERFECT**	**FUTURE**
j'élève	j'élevais	j'élèverai
tu élèves	tu élevais	tu élèveras
il élève	il élevait	il élèvera
nous élevons	nous élevions	nous élèverons
vous élevez	vous éleviez	vous élèverez
ils élèvent	ils élevaient	ils élèveront

PAST HISTORIC	**PERFECT**	**PLUPERFECT**
j'élevai	j'ai élevé	j'avais élevé
tu élevas	tu as élevé	tu avais élevé
il éleva	il a élevé	il avait élevé
nous élevâmes	nous avons élevé	nous avions élevé
vous élevâtes	vous avez élevé	vous aviez élevé
ils élevèrent	ils ont élevé	ils avaient élevé

PAST ANTERIOR	**FUTURE PERFECT**
j'eus élevé etc	j'aurai élevé etc

IMPERATIVE	*CONDITIONAL*	
	PRESENT	**PAST**
élève	j'élèverais	j'aurais élevé
élevons	tu élèverais	tu aurais élevé
élevez	il élèverait	il aurait élevé
	nous élèverions	nous aurions élevé
	vous élèveriez	vous auriez élevé
	ils élèveraient	ils auraient élevé

SUBJUNCTIVE		
PRESENT	**IMPERFECT**	**PERFECT**
j'élève	j'élevasse	j'aie élevé
tu élèves	tu élevasses	tu aies élevé
il élève	il élevât	il ait élevé
nous élevions	nous élevassions	nous ayons élevé
vous éleviez	vous élevassiez	vous ayez élevé
ils élèvent	ils élevassent	ils aient élevé

INFINITIVE	*PARTICIPLE*
PRESENT	**PRESENT**
elever	élevant
PAST	**PAST**
avoir élevé	élevé

EMOUVOIR
to move (emotionally)

PRESENT	**IMPERFECT**	**FUTURE**
j'émeus	j'émouvais	j'émouvrai
tu émeus	tu émouvais	tu émouvras
il émeut	il émouvait	il émouvra
nous émouvons	nous émouvions	nous émouvrons
vous émouvez	vous émouviez	vous émouvrez
ils émeuvent	ils émouvaient	ils émouvront

PAST HISTORIC	**PERFECT**	**PLUPERFECT**
j'émus	j'ai ému	j'avais ému
tu émus	tu as ému	tu avais ému
il émut	il a ému	il avait ému
nous émûmes	nous avons ému	nous avions ému
vous émûtes	vous avez ému	vous aviez ému
ils émurent	ils ont ému	ils avaient ému

PAST ANTERIOR	**FUTURE PERFECT**
j'eus ému etc	j'aurai ému etc

IMPERATIVE	*CONDITIONAL*	
	PRESENT	**PAST**
émeus	j'émouvrais	j'aurais ému
émouvons	tu émouvrais	tu aurais ému
émouvez	il émouvrait	il aurait ému
	nous émouvrions	nous aurions ému
	vous émouvriez	vous auriez ému
	ils émouvraient	ils auraient ému

SUBJUNCTIVE

PRESENT	**IMPERFECT**	**PERFECT**
j'émeuve	j'émusse	j'aie ému
tu émeuves	tu émusses	tu aies ému
il émeuve	il émût	il ait ému
nous émouvions	nous émussions	nous ayons ému
vous émouviez	vous émussiez	vous ayez ému
ils émeuvent	ils émussent	ils aient ému

INFINITIVE	*PARTICIPLE*
PRESENT	**PRESENT**
émouvoir	émouvant
PAST	**PAST**
avoir ému	ému

75

ENCLORE
to enclose

PRESENT	IMPERFECT	FUTURE
j'enclos		j'enclorai
tu enclos		tu encloras
il enclôt		il enclora
nous enclosons		nous enclorons
vous enclosez		vous enclorez
ils enclosent		ils encloront

PAST HISTORIC	PERFECT	PLUPERFECT
	j'ai enclos	j'avais enclos
	tu as enclos	tu avais enclos
	il a enclos	il avait enclos
	nous avons enclos	nous avions enclos
	vous avez enclos	vous aviez enclos
	ils ont enclos	ils avaient enclos

PAST ANTERIOR	FUTURE PERFECT
j'eus enclos etc	j'aurai enclos etc

IMPERATIVE	*CONDITIONAL*	
	PRESENT	PAST
enclos	j'enclorais	j'aurais enclos
	tu enclorais	tu aurais enclos
	il enclorait	il aurait enclos
	nous enclorions	nous aurions enclos
	vous encloriez	vous auriez enclos
	ils encloraient	ils auraient enclos

SUBJUNCTIVE

PRESENT	IMPERFECT	PERFECT
j'enclose		j'aie enclos
tu encloses		tu aies enclos
il enclose		il ait enclos
nous enclosions		nous ayons enclos
vous enclosiez		vous ayez enclos
ils enclosent		ils aient enclos

INFINITIVE	*PARTICIPLE*
PRESENT	PRESENT
enclore	
PAST	PAST
avoir enclos	enclos

S'ENDORMIR
to fall asleep

PRESENT

je m'endors
tu t'endors
il s'endort
nous nous endormons
vous vous endormez
ils s'endorment

IMPERFECT

je m'endormais
tu t'endormais
il s'endormait
nous nous endormions
vous vous endormiez
ils s'endormaient

FUTURE

je m'endormirai
tu t'endormiras
il s'endormira
nous nous endormirons
vous vous endormirez
ils s'endormiront

PAST HISTORIC

je m'endormis
tu t'endormis
il s'endormit
nous nous endormîmes
vous vous endormîtes
ils s'endormirent

PERFECT

je me suis endormi
tu t'es endormi
il s'est endormi
nous ns. sommes endormis
vous vs. êtes endormi(s)
ils se sont endormis

PLUPERFECT

je m'étais endormi
tu t'étais endormi
il s'était endormi
nous ns. étions endormis
vous vs. étiez endormi(s)
ils s'étaient endormis

PAST ANTERIOR

je me fus endormi etc

FUTURE PERFECT

je me serai endormi etc

IMPERATIVE

endors-toi
endormons-nous
endormez-vous

CONDITIONAL

PRESENT

je m'endormirais
tu t'endormirais
il s'endormirait
nous nous endormirions
vous vous endormiriez
ils s'endormiraient

PAST

je me serais endormi
tu te serais endormi
il se serait endormi
nous ns. serions endormis
vous vs. seriez endormi(s)
ils se seraient endormis

SUBJUNCTIVE

PRESENT

je m'endorme
tu t'endormes
il s'endorme
nous nous endormions
vous vous endormiez
ils s'endorment

IMPERFECT

je m'endormisse
tu t'endormisses
il s'endormît
nous nous endormissions
vous vous endormissiez
ils s'endormissent

PERFECT

je me sois endormi
tu te sois endormi
il se soit endormi
nous ns. soyons endormis
vous vs. soyez endormi(s)
ils se soient endormis

INFINITIVE

PRESENT

s'endormir

PAST

s'être endormi

PARTICIPLE

PRESENT

s'endormant

PAST

endormi

S'ENFUIR
to flee

PRESENT

je m'enfuis
tu t'enfuis
il s'enfuit
nous nous enfuyons
vous vous enfuyez
ils s'enfuient

IMPERFECT

je m'enfuyais
tu t'enfuyais
il s'enfuyait
nous nous enfuyions
vous vous enfuyiez
ils s'enfuyaient

FUTURE

je m'enfuirai
tu t'enfuiras
il s'enfuira
nous nous enfuirons
vous vous enfuirez
ils s'enfuiront

PAST HISTORIC

je m'enfuis
tu t'enfuis
il s'enfuit
nous nous enfuîmes
vous vous enfuîtes
ils s'enfuirent

PERFECT

je me suis enfui
tu t'es enfui
il s'est enfui
nous nous sommes enfuis
vous vous êtes enfui(s)
ils se sont enfuis

PLUPERFECT

je m'étais enfui
tu t'étais enfui
il s'était enfui
nous nous étions enfuis
vous vous étiez enfui(s)
ils s'étaient enfuis

PAST ANTERIOR

je me fus enfui etc

FUTURE PERFECT

je me serai enfui etc

IMPERATIVE

enfuis-toi
enfuyons-nous
enfuyez-vous

CONDITIONAL

PRESENT

je m'enfuirais
tu t'enfuirais
il s'enfuirait
nous nous enfuirions
vous vous enfuiriez
ils s'enfuiraient

PAST

je me serais enfui
tu te serais enfui
il se serait enfui
nous nous serions enfuis
vous vous seriez enfui(s)
ils se seraient enfuis

SUBJUNCTIVE

PRESENT

je m'enfuie
tu t'enfuies
il s'enfuie
nous nous enfuyions
vous vous enfuyiez
ils s'enfuient

IMPERFECT

je m'enfuisse
tu t'enfuisses
il s'enfuît
nous nous enfuissions
vous vous enfuissiez
ils s'enfuissent

PERFECT

je me sois enfui
tu te sois enfui
il se soit enfui
nous nous soyons enfuis
vous vous soyez enfui(s)
ils se soient enfuis

INFINITIVE

PRESENT

s'enfuir

PAST

s'être enfui

PARTICIPLE

PRESENT

s'enfuyant

PAST

enfui

ENNUYER
to bother, to bore

PRESENT	IMPERFECT	FUTURE
j'ennuie	j'ennuyais	j'ennuierai
tu ennuies	tu ennuyais	tu ennuieras
il ennuie	il ennuyait	il ennuiera
nous ennuyons	nous ennuyions	nous ennuierons
vous ennuyez	vous ennuyiez	vous ennuierez
ils ennuient	ils ennuyaient	ils ennuieront

PAST HISTORIC	PERFECT	PLUPERFECT
j'ennuyai	j'ai ennuyé	j'avais ennuyé
tu ennuyas	tu as ennuyé	tu avais ennuyé
il ennuya	il a ennuyé	il avait ennuyé
nous ennuyâmes	nous avons ennuyé	nous avions ennuyé
vous ennuyâtes	vous avez ennuyé	vous aviez ennuyé
ils ennuyèrent	ils ont ennuyé	ils avaient ennuyé

PAST ANTERIOR	FUTURE PERFECT
j'eus ennuyé etc	j'aurai ennuyé etc

IMPERATIVE	CONDITIONAL	
	PRESENT	PAST
ennuie	j'ennuierais	j'aurais ennuyé
ennuyons	tu ennuierais	tu aurais ennuyé
ennuyez	il ennuierait	il aurait ennuyé
	nous ennuierions	nous aurions ennuyé
	vous ennuieriez	vous auriez ennuyé
	ils ennuieraient	ils auraient ennuyé

SUBJUNCTIVE

PRESENT	IMPERFECT	PERFECT
j'ennuie	j'ennuyasse	j'aie ennuyé
tu ennuies	tu ennuyasses	tu aies ennuyé
il ennuie	il ennuyât	il ait ennuyé
nous ennuyons	nous ennuyassions	nous ayons ennuyé
vous ennuyiez	vous ennuyassiez	vous ayez ennuyé
ils ennuient	ils ennuyassent	ils aient ennuyé

INFINITIVE	PARTICIPLE
PRESENT	PRESENT
ennuyer	ennuyant
PAST	PAST
avoir ennuyé	ennuyé

S'ENSUIVRE
to ensue

PRESENT	**IMPERFECT**	**FUTURE**
il s'ensuit	il s'ensuivait	il s'ensuivra
ils s'ensuivent	ils s'ensuivaient	ils s'ensuivront

PAST HISTORIC	**PERFECT**	**PLUPERFECT**
il s'ensuivit	il s'est ensuivi	il s'était ensuivi
ils s'ensuivirent	ils se sont ensuivis	ils s'étaient ensuivis

PAST ANTERIOR	**FUTURE PERFECT**
il se fut ensuivi etc	il se sera ensuivi etc

IMPERATIVE	*CONDITIONAL*	
	PRESENT	**PAST**
	il s'ensuivrait	il se serait ensuivi
	ils s'ensuivraient	ils se seraient ensuivis

SUBJUNCTIVE		
PRESENT	**IMPERFECT**	**PERFECT**
il s'ensuive	il s'ensuivît	il se soit ensuivi
ils s'ensuivent	ils s'ensuivissent	ils se soient ensuivis

INFINITIVE	*PARTICIPLE*
PRESENT	**PRESENT**
s'ensuivre	
PAST	**PAST**
s'être ensuivi	ensuivi

ENTENDRE
to hear

PRESENT	IMPERFECT	FUTURE
j'entends	j'entendais	j'entendrai
tu entends	tu entendais	tu entendras
il entend	il entendait	il entendra
nous entendons	nous entendions	nous entendrons
vous entendez	vous entendiez	vous entendrez
ils entendent	ils entendaient	ils entendront

PAST HISTORIC	PERFECT	PLUPERFECT
j'entendis	j'ai entendu	j'avais entendu
tu entendis	tu as entendu	tu avais entendu
il entendit	il a entendu	il avait entendu
nous entendîmes	nous avons entendu	nous avions entendu
vous entendîtes	vous avez entendu	vous aviez entendu
ils entendirent	ils ont entendu	ils avaient entendu

PAST ANTERIOR	FUTURE PERFECT
j'eus entendu etc	j'aurai entendu etc

IMPERATIVE	CONDITIONAL	
	PRESENT	PAST
entends	j'entendrais	j'aurais entendu
entendons	tu entendrais	tu aurais entendu
entendez	il entendrait	il aurait entendu
	nous entendrions	nous aurions entendu
	vous entendriez	vous auriez entendu
	ils entendraient	ils auraient entendu

SUBJUNCTIVE

PRESENT	IMPERFECT	PERFECT
j'entende	j'entendisse	j'aie entendu
tu entendes	tu entendisses	tu aies entendu
il entende	il entendît	il ait entendu
nous entendions	nous entendissions	nous ayons entendu
vous entendiez	vous entendissiez	vous ayez entendu
ils entendent	ils entendissent	ils aient entendu

INFINITIVE	PARTICIPLE
PRESENT	PRESENT
entendre	entendant
PAST	PAST
avoir entendu	entendu

ENTRER
to enter

PRESENT	IMPERFECT	FUTURE
j'entre	j'entrais	j'entrerai
tu entres	tu entrais	tu entreras
il entre	il entrait	il entrera
nous entrons	nous entrions	nous entrerons
vous entrez	vous entriez	vous entrerez
ils entrent	ils entraient	ils entreront

PAST HISTORIC	PERFECT	PLUPERFECT
j'entrai	je suis entré	j'étais entré
tu entras	tu es entré	tu étais entré
il entra	il est entré	il était entré
nous entrâmes	nous sommes entrés	nous étions entrés
vous entrâtes	vous êtes entré(s)	vous étiez entré(s)
ils entrèrent	ils sont entrés	ils étaient entrés

PAST ANTERIOR	FUTURE PERFECT
je fus entré etc	je serai entré etc

IMPERATIVE	CONDITIONAL	
	PRESENT	PAST
entre	j'entrerais	je serais entré
entrons	tu entrerais	tu serais entré
entrez	il entrerait	il serait entré
	nous entrerions	nous serions entrés
	vous entreriez	vous seriez entré(s)
	ils entreraient	ils seraient entrés

SUBJUNCTIVE		
PRESENT	IMPERFECT	PERFECT
j'entre	j'entrasse	je sois entré
tu entres	tu entrasses	tu sois entré
il entre	il entrât	il soit entré
nous entrions	nous entrassions	nous soyons entrés
vous entriez	vous entrassiez	vous soyez entré(s)
ils entrent	ils entrassent	ils soient entrés

INFINITIVE	PARTICIPLE	NOTE
PRESENT	PRESENT	auxiliary avoir when transitive
entrer	entrant	
PAST	PAST	
être entré	entré	

ENVAHIR
to invade

PRESENT	**IMPERFECT**	**FUTURE**
j'envahis	j'envahissais	j'envahirai
tu envahis	tu envahissais	tu envahiras
il envahit	il envahissait	il envahira
nous envahissons	nous envahissions	nous envahirons
vous envahissez	vous envahissiez	vous envahirez
ils envahissent	ils envahissaient	ils envahiront

PAST HISTORIC	**PERFECT**	**PLUPERFECT**
j'envahis	j'ai envahi	j'avais envahi
tu envahis	tu as envahi	tu avais envahi
il envahit	il a envahi	il avait envahi
nous envahîmes	nous avons envahi	nous avions envahi
vous envahîtes	vous avez envahi	vous aviez envahi
ils envahirent	ils ont envahi	ils avaient envahi

PAST ANTERIOR	**FUTURE PERFECT**
j'eus envahi etc	j'aurai envahi etc

IMPERATIVE	*CONDITIONAL*	
	PRESENT	**PAST**
envahis	j'envahirais	j'aurais envahi
envahissons	tu envahirais	tu aurais envahi
envahissez	il envahirait	il aurait envahi
	nous envahirions	nous aurions envahi
	vous envahiriez	vous auriez envahi
	ils envahiraient	ils auraient envahi

SUBJUNCTIVE

PRESENT	**IMPERFECT**	**PERFECT**
j'envahisse	j'envahisse	j'aie envahi
tu envahisses	tu envahisses	tu aies envahi
il envahisse	il envahît	il ait envahi
nous envahissions	nous envahissions	nous ayons envahi
vous envahissiez	vous envahissiez	vous ayez envahi
ils envahissent	ils envahissent	ils aient envahi

INFINITIVE	*PARTICIPLE*
PRESENT	**PRESENT**
envahir	envahissant
PAST	**PAST**
avoir envahi	envahi

83 ENVOYER
to send

PRESENT	IMPERFECT	FUTURE
j'envoie	j'envoyais	j'enverrai
tu envoies	tu envoyais	tu enverras
il envoie	il envoyait	il enverra
nous envoyons	nous envoyions	nous enverrons
vous envoyez	vous envoyiez	vous enverrez
ils envoient	ils envoyaient	ils enverront

PAST HISTORIC	PERFECT	PLUPERFECT
j'envoyai	j'ai envoyé	j'avais envoyé
tu envoyas	tu as envoyé	tu avais envoyé
il envoya	il a envoyé	il avait envoyé
nous envoyâmes	nous avons envoyé	nous avions envoyé
vous envoyâtes	vous avez envoyé	vous aviez envoyé
ils envoyèrent	ils ont envoyé	ils avaient envoyé

PAST ANTERIOR	FUTURE PERFECT
j'eus envoyé etc	j'aurai envoyé etc

IMPERATIVE	CONDITIONAL	
	PRESENT	PAST
envoie	j'enverrais	j'aurais envoyé
envoyons	tu enverrais	tu aurais envoyé
envoyez	il enverrait	il aurait envoyé
	nous enverrions	nous aurions envoyé
	vous enverriez	vous auriez envoyé
	ils enverraient	ils auraient envoyé

SUBJUNCTIVE

PRESENT	IMPERFECT	PERFECT
j'envoie	j'envoyasse	j'aie envoyé
tu envoies	tu envoyasses	tu aies envoyé
il envoie	il envoyât	il ait envoyé
nous envoyions	nous envoyassions	nous ayons envoyé
vous envoyiez	vous envoyassiez	vous ayez envoyé
ils envoient	ils envoyassent	ils aient envoyé

INFINITIVE	PARTICIPLE
PRESENT	PRESENT
envoyer	envoyant
PAST	PAST
avoir envoyé	envoyé

ESPERER
to hope

PRESENT	**IMPERFECT**	**FUTURE**
j'espère	j'espérais	j'espérerai
tu espères	tu espérais	tu espéreras
il espère	il espérait	il espérera
nous espérons	nous espérions	nous espérerons
vous espérez	vous espériez	vous espérerez
ils espèrent	ils espéraient	ils espéreront

PAST HISTORIC	**PERFECT**	**PLUPERFECT**
j'espérai	j'ai espéré	j'avais espéré
tu espéras	tu as espéré	tu avais espéré
il espéra	il a espéré	il avait espéré
nous espérâmes	nous avons espéré	nous avions espéré
vous espérâtes	vous avez espéré	vous aviez espéré
ils espérèrent	ils ont espéré	ils avaient espéré

PAST ANTERIOR	**FUTURE PERFECT**
j'eus espéré etc	j'aurai espéré etc

IMPERATIVE	**CONDITIONAL**	
	PRESENT	**PAST**
espère	j'espérerais	j'aurais espéré
espérons	tu espérerais	tu aurais espéré
espérez	il espérerait	il aurait espéré
	nous espérerions	nous aurions espéré
	vous espéreriez	vous auriez espéré
	ils espéreraient	ils auraient espéré

SUBJUNCTIVE

PRESENT	**IMPERFECT**	**PERFECT**
j'espère	j'espérasse	j'aie espéré
tu espères	tu espérasses	tu aies espéré
il espère	il espérât	il ait espéré
nous espérions	nous espérassions	nous ayons espéré
vous espériez	vous espérassiez	vous ayez espéré
ils espèrent	ils espérassent	ils aient espéré

INFINITIVE	**PARTICIPLE**
PRESENT	**PRESENT**
espérer	espérant
PAST	**PAST**
avoir espéré	espéré

ETRE
to be

PRESENT	IMPERFECT	FUTURE
je suis	j'étais	je serai
tu es	tu étais	tu seras
il est	il était	il sera
nous sommes	nous étions	nous serons
vous êtes	vous étiez	vous serez
ils sont	ils étaient	ils seront

PAST HISTORIC	PERFECT	PLUPERFECT
je fus	j'ai été	j'avais été
tu fus	tu as été	tu avais été
il fut	il a été	il avait été
nous fûmes	nous avons été	nous avions été
vous fûtes	vous avez été	vous aviez été
ils furent	ils ont été	ils avaient été

PAST ANTERIOR	FUTURE PERFECT
j'eus été etc	j'aurai été etc

IMPERATIVE	CONDITIONAL	
	PRESENT	PAST
sois	je serais	j'aurais été
soyons	tu serais	tu aurais été
soyez	il serait	il aurait été
	nous serions	nous aurions été
	vous seriez	vous auriez été
	ils seraient	ils auraient été

SUBJUNCTIVE		
PRESENT	IMPERFECT	PERFECT
je sois	je fusse	j'aie été
tu sois	tu fusses	tu aies été
il soit	il fût	il ait été
nous soyons	nous fussions	nous ayons été
vous soyez	vous fussiez	vous ayez été
ils soient	ils fussent	ils aient été

INFINITIVE	PARTICIPLE
PRESENT	PRESENT
être	étant
PAST	PAST
avoir été	été

ETUDIER
to study

PRESENT	IMPERFECT	FUTURE
j'étudie	j'étudiais	j'étudierai
tu étudies	tu étudiais	tu étudieras
il étudie	il étudiait	il étudiera
nous étudions	nous étudiions	nous étudierons
vous étudiez	vous étudiiez	vous étudierez
ils étudient	ils étudiaient	ils étudieront

PAST HISTORIC	PERFECT	PLUPERFECT
j'étudiai	j'ai étudié	j'avais étudié
tu étudias	tu as étudié	tu avais étudié
il étudia	il a étudié	il avait étudié
nous étudiâmes	nous avons étudié	nous avions étudié
vous étudiâtes	vous avez étudié	vous aviez étudié
ils étudièrent	ils ont étudié	ils avaient étudié

PAST ANTERIOR	FUTURE PERFECT
j'eus étudié etc	j'aurai étudié etc

IMPERATIVE	CONDITIONAL	
	PRESENT	PAST
étudie	j'étudierais	j'aurais étudié
étudions	tu étudierais	tu aurais étudié
étudiez	il étudierait	il aurait étudié
	nous étudierions	nous aurions étudié
	vous étudieriez	vous auriez étudié
	ils étudieraient	ils auraient étudié

SUBJUNCTIVE

PRESENT	IMPERFECT	PERFECT
j'étudie	j'étudiasse	j'aie étudié
tu étudies	tu étudiasses	tu aies étudié
il étudie	il étudiât	il ait étudié
nous étudiions	nous étudiassions	nous ayons étudié
vous étudiiez	vous étudiassiez	vous ayez étudié
ils étudient	ils étudiassent	ils aient étudié

INFINITIVE	PARTICIPLE
PRESENT	PRESENT
étudier	étudiant
PAST	PAST
avoir étudié	étudié

87 S'ÉVANOUIR
to faint

PRESENT
je m'évanouis
tu t'évanouis
il s'évanouit
nous nous évanouissons
vous vous évanouissez
ils s'évanouissent

IMPERFECT
je m'évanouissais
tu t'évanouissais
il s'évanouissait
nous nous évanouissions
vous vous évanouissiez
ils s'évanouissaient

FUTURE
je m'évanouirai
tu t'évanouiras
il s'évanouira
nous nous évanouirons
vous vous évanouirez
ils s'évanouiront

PAST HISTORIC
je m'évanouis
tu t'évanouis
il s'évanouit
nous nous évanouîmes
vous vous évanouîtes
ils s'évanouirent

PERFECT
je me suis évanoui
tu t'es évanoui
il s'est évanoui
nous ns. sommes évanouis
vous vs. êtes évanoui(s)
ils se sont évanouis

PLUPERFECT
je m'étais évanoui
tu t'étais évanoui
il s'était évanoui
nous nous étions évanouis
vous vous étiez évanoui(s)
ils s'étaient évanouis

PAST ANTERIOR
je me fus évanoui etc

FUTURE PERFECT
je me serai évanoui etc

IMPERATIVE

évanouis-toi
évanouissons-nous
évanouissez-vous

CONDITIONAL
PRESENT
je m'évanouirais
tu t'évanouirais
il s'évanouirait
nous nous évanouirions
vous vous évanouiriez
ils s'évanouiraient

PAST
je me serais évanoui
tu te serais évanoui
il se serait évanoui
nous nous serions évanouis
vous vous seriez évanoui(s)
ils se seraient évanouis

SUBJUNCTIVE
PRESENT
je m'évanouisse
tu t'évanouisses
il s'évanouisse
nous nous évanouissions
vous vous évanouissiez
ils s'évanouissent

IMPERFECT
je m'évanouisse
tu t'évanouisses
il s'évanouît
nous nous évanouissions
vous vous évanouissiez
ils s'évanouissent

PERFECT
je me sois évanoui
tu te sois évanoui
il se soit évanoui
nous nous soyons évanouis
vous vous soyez évanoui(s)
ils se soient évanouis

INFINITIVE
PRESENT
s'évanouir

PAST
s'être évanoui

PARTICIPLE
PRESENT
s'évanouissant

PAST
évanoui

EXECRER
to abhor

PRESENT
j'exècre
tu exècres
il exècre
nous exécrons
vous exécrez
ils exècrent

IMPERFECT
j'exécrais
tu exécrais
il exécrait
nous exécrions
vous exécriez
ils exécraient

FUTURE
j'exécrerai
tu exécreras
il exécrera
nous exécrerons
vous exécrerez
ils exécreront

PAST HISTORIC
j'exécrai
tu exécras
il exécra
nous exécrâmes
vous exécrâtes
ils exécrèrent

PERFECT
j'ai exécré
tu as exécré
il a exécré
nous avons exécré
vous avez exécré
ils ont exécré

PLUPERFECT
j'avais exécré
tu avais exécré
il avait exécré
nous avions exécré
vous aviez exécré
ils avaient exécré

PAST ANTERIOR
j'eus exécré etc

FUTURE PERFECT
j'aurai exécré etc

IMPERATIVE

exècre
exécrons
exécrez

CONDITIONAL

PRESENT
j'exécrerais
tu exécrerais
il exécrerait
nous exécrerions
vous exécreriez
ils exécreraient

PAST
j'aurais exécré
tu aurais exécré
il aurait exécré
nous aurions exécré
vous auriez exécré
ils auraient exécré

SUBJUNCTIVE

PRESENT
j'exècre
tu exècres
il exècre
nous exécrions
vous exécriez
ils exècrent

IMPERFECT
j'exécrasse
tu exécrasses
il exécrât
nous exécrassions
vous exécrassiez
ils exécrassent

PERFECT
j'aie exécré
tu aies exécré
il ait exécré
nous ayons exécré
vous ayez exécré
ils aient exécré

INFINITIVE

PRESENT
exécrer

PAST
avoir exécré

PARTICIPLE

PRESENT
exécrant

PAST
exécré

FAILLIR
to fail, to nearly (do something)

PRESENT	IMPERFECT	FUTURE
		je faillirai
		tu failliras
		il faillira
		nous faillirons
		vous faillirez
		ils failliront

PAST HISTORIC	PERFECT	PLUPERFECT
je faillis	j'ai failli	j'avais failli
tu faillis	tu as failli	tu avais failli
il faillit	il a failli	il avait failli
nous faillîmes	nous avons failli	nous avions failli
vous faillîtes	vous avez failli	vous aviez failli
ils faillirent	ils ont failli	ils avaient failli

PAST ANTERIOR	FUTURE PERFECT
j'eus failli etc	j'aurai failli etc

IMPERATIVE	CONDITIONAL	
	PRESENT	PAST
	je faillirais	j'aurais failli
	tu faillirais	tu aurais failli
	il faillirait	il aurait failli
	nous faillirions	nous aurions failli
	vous failliriez	vous auriez failli
	ils failliraient	ils auraient failli

SUBJUNCTIVE		
PRESENT	IMPERFECT	PERFECT
		j'aie failli
		tu aies failli
		il ait failli
		nous ayons failli
		vous ayez failli
		ils aient failli

INFINITIVE	PARTICIPLE	NOTE
PRESENT	PRESENT	j'ai failli = *I nearly fell;* follows model of FINIR (92) *when it means 'to go bankrupt'*
faillir		
PAST	PAST	
avoir failli	failli	

FAIRE
to do, to make

90

PRESENT	IMPERFECT	FUTURE
je fais	je faisais	je ferai
tu fais	tu faisais	tu feras
il fait	il faisait	il fera
nous faisons	nous faisions	nous ferons
vous faites	vous faisiez	vous ferez
ils font	ils faisaient	ils feront

PAST HISTORIC	PERFECT	PLUPERFECT
je fis	j'ai fait	j'avais fait
tu fis	tu as fait	tu avais fait
il fit	il a fait	il avait fait
nous fîmes	nous avons fait	nous avions fait
vous fîtes	vous avez fait	vous aviez fait
ils firent	ils ont fait	ils avaient fait

PAST ANTERIOR	FUTURE PERFECT
j'eus fait etc	j'aurai fait etc

IMPERATIVE

	CONDITIONAL	
	PRESENT	
fais	je ferais	PAST
faisons	tu ferais	j'aurais fait
faites	il ferait	tu aurais fait
	nous ferions	il aurait fait
	vous feriez	nous aurions fait
	ils feraient	vous auriez fait
		ils auraient fait

SUBJUNCTIVE

PRESENT	IMPERFECT	PERFECT
je fasse	je fisse	j'aie fait
tu fasses	tu fisses	tu aies fait
il fasse	il fît	il ait fait
nous fassions	nous fissions	nous ayons fait
vous fassiez	vous fissiez	vous ayez fait
ils fassent	ils fissent	ils aient fait

INFINITIVE	PARTICIPLE
PRESENT	PRESENT
faire	faisant
PAST	PAST
avoir fait	fait

91 FALLOIR
to be necessary

PRESENT	IMPERFECT	FUTURE
il faut	il fallait	il faudra

PAST HISTORIC	PERFECT	PLUPERFECT
il fallut	il a fallu	il avait fallu

PAST ANTERIOR	FUTURE PERFECT	
il eut fallu	il aura fallu	

IMPERATIVE	*CONDITIONAL*	
	PRESENT	PAST
	il faudrait	il aurait fallu

SUBJUNCTIVE		
PRESENT	IMPERFECT	PERFECT
il faille	il fallût	il ait fallu

INFINITIVE	*PARTICIPLE*	
PRESENT	PRESENT	
falloir		
PAST	PAST	
avoir fallu	fallu	

FINIR
to finish

PRESENT	**IMPERFECT**	**FUTURE**
je finis	je finissais	je finirai
tu finis	tu finissais	tu finiras
il finit	il finissait	il finira
nous finissons	nous finissions	nous finirons
vous finissez	vous finissiez	vous finirez
ils finissent	ils finissaient	ils finiront

PAST HISTORIC	**PERFECT**	**PLUPERFECT**
je finis	j'ai fini	j'avais fini
tu finis	tu as fini	tu avais fini
il finit	il a fini	il avait fini
nous finîmes	nous avons fini	nous avions fini
vous finîtes	vous avez fini	vous aviez fini
ils finirent	ils ont fini	ils avaient fini

PAST ANTERIOR	**FUTURE PERFECT**
j'eus fini etc	j'aurai fini etc

IMPERATIVE	**CONDITIONAL**	
	PRESENT	**PAST**
finis	je finirais	j'aurais fini
finissons	tu finirais	tu aurais fini
finissez	il finirait	il aurait fini
	nous finirions	nous aurions fini
	vous finiriez	vous auriez fini
	ils finiraient	ils auraient fini

SUBJUNCTIVE

PRESENT	**IMPERFECT**	**PERFECT**
je finisse	je finisse	j'aie fini
tu finisses	tu finisses	tu aies fini
il finisse	il finît	il ait fini
nous finissions	nous finissions	nous ayons fini
vous finissiez	vous finissiez	vous ayez fini
ils finissent	ils finissent	ils aient fini

INFINITIVE	**PARTICIPLE**
PRESENT	**PRESENT**
finir	finissant
PAST	**PAST**
avoir fini	fini

93   FOUILLER
to search

PRESENT	IMPERFECT	FUTURE
je fouille	je fouillais	je fouillerai
tu fouilles	tu fouillais	tu fouilleras
il fouille	il fouillait	il fouillera
nous fouillons	nous fouillions	nous fouillerons
vous fouillez	vous fouilliez	vous fouillerez
ils fouillent	ils fouillaient	ils fouilleront

PAST HISTORIC	PERFECT	PLUPERFECT
je fouillai	j'ai fouillé	j'avais fouillé
tu fouillas	tu as fouillé	tu avais fouillé
il fouilla	il a fouillé	il avait fouillé
nous fouillâmes	nous avons fouillé	nous avions fouillé
vous fouillâtes	vous avez fouillé	vous aviez fouillé
ils fouillèrent	ils ont fouillé	ils avaient fouillé

PAST ANTERIOR	FUTURE PERFECT
j'eus fouillé etc	j'aurai fouillé etc

IMPERATIVE	CONDITIONAL	
	PRESENT	PAST
fouille	je fouillerais	j'aurais fouillé
fouillons	tu fouillerais	tu aurais fouillé
fouillez	il fouillerait	il aurait fouillé
	nous fouillerions	nous aurions fouillé
	vous fouilleriez	vous auriez fouillé
	ils fouilleraient	ils auraient fouillé

SUBJUNCTIVE

PRESENT	IMPERFECT	PERFECT
je fouille	je fouillasse	j'aie fouillé
tu fouilles	tu fouillasses	tu aies fouillé
il fouille	il fouillât	il ait fouillé
nous fouillions	nous fouillassions	nous ayons fouillé
vous fouilliez	vous fouillassiez	vous ayez fouillé
ils fouillent	ils fouillassent	ils aient fouillé

INFINITIVE	PARTICIPLE
PRESENT	PRESENT
fouiller	fouillant
PAST	PAST
avoir fouillé	fouillé

FOUTRE
to put, to do (*colloquial*)

PRESENT	IMPERFECT	FUTURE
je fous	je foutais	je foutrai
tu fous	tu foutais	tu foutras
il fout	il foutait	il foutra
nous foutons	nous foutions	nous foutrons
vous foutez	vous foutiez	vous foutrez
ils foutent	ils foutaient	ils foutront

PAST HISTORIC	PERFECT	PLUPERFECT
	j'ai foutu	j'avais foutu
	tu as foutu	tu avais foutu
	il a foutu	il avait foutu
	nous avons foutu	nous avions foutu
	vous avez foutu	vous aviez foutu
	ils ont foutu	ils avaient foutu

PAST ANTERIOR	FUTURE PERFECT
j'eus foutu etc	j'aurai foutu etc

IMPERATIVE	CONDITIONAL	
	PRESENT	PAST
fous	je foutrais	j'aurais foutu
foutons	tu foutrais	tu aurais foutu
foutez	il foutrait	il aurait foutu
	nous foutrions	nous aurions foutu
	vous foutriez	vous auriez foutu
	ils foutraient	ils auraient foutu

SUBJUNCTIVE

PRESENT	IMPERFECT	PERFECT
je foute		j'aie foutu
tu foutes		tu aies foutu
il foute		il ait foutu
nous foutions		nous ayons foutu
vous foutiez		vous ayez foutu
ils foutent		ils aient foutu

INFINITIVE	PARTICIPLE
PRESENT	PRESENT
foutre	foutant
PAST	PAST
avoir foutu	foutu

FRIRE
to fry

PRESENT	IMPERFECT	FUTURE
je fris		
tu fris		
il frit		

PAST HISTORIC	PERFECT	PLUPERFECT
	j'ai frit	j'avais frit
	tu as frit	tu avais frit
	il a frit	il avait frit
	nous avons frit	nous avions frit
	vous avez frit	vous aviez frit
	ils ont frit	ils avaient frit

PAST ANTERIOR	FUTURE PERFECT	
j'eus frit etc	j'aurai frit etc	

IMPERATIVE	*CONDITIONAL*	
	PRESENT	**PAST**
fris		j'aurais frit
		tu aurais frit
		il aurait frit
		nous aurions frit
		vous auriez frit
		ils auraient frit

SUBJUNCTIVE		
PRESENT	**IMPERFECT**	**PERFECT**
		j'aie frit
		tu aies frit
		il ait frit
		nous ayons frit
		vous ayez frit
		ils aient frit

INFINITIVE	*PARTICIPLE*	*NOTE*
PRESENT	**PRESENT**	
frire		
PAST	**PAST**	
avoir frit	frit	

PRESENT	**IMPERFECT**	**FUTURE**
je fuis	je fuyais	je fuirai
tu fuis	tu fuyais	tu fuiras
il fuit	il fuyait	il fuira
nous fuyons	nous fuyions	nous fuirons
vous fuyez	vous fuyiez	vous fuirez
ils fuient	ils fuyaient	ils fuiront

PAST HISTORIC	**PERFECT**	**PLUPERFECT**
je fuis	j'ai fui	j'avais fui
tu fuis	tu as fui	tu avais fui
il fuit	il a fui	il avait fui
nous fuîmes	nous avons fui	nous avions fui
vous fuîtes	vous avez fui	vous aviez fui
ils fuirent	ils ont fui	ils avaient fui

PAST ANTERIOR	**FUTURE PERFECT**
j'eus fui etc	j'aurai fui etc

IMPERATIVE	*CONDITIONAL*	
	PRESENT	**PAST**
fuis	je fuirais	j'aurais fui
fuyons	tu fuirais	tu aurais fui
fuyez	il fuirait	il aurait fui
	nous fuirions	nous aurions fui
	vous fuiriez	vous auriez fui
	ils fuiraient	ils auraient fui

SUBJUNCTIVE

PRESENT	**IMPERFECT**	**PERFECT**
je fuie	je fuisse	j'aie fui
tu fuies	tu fuisses	tu aies fui
il fuie	il fuît	il ait fui
nous fuyions	nous fuissions	nous ayons fui
vous fuyiez	vous fuissiez	vous ayez fui
ils fuient	ils fuissent	ils aient fui

INFINITIVE	*PARTICIPLE*
PRESENT	**PRESENT**
fuir	fuyant
PAST	**PAST**
avoir fui	fui

GAGNER
to win

PRESENT	IMPERFECT	FUTURE
je gagne	je gagnais	je gagnerai
tu gagnes	tu gagnais	tu gagneras
il gagne	il gagnait	il gagnera
nous gagnons	nous gagnions	nous gagnerons
vous gagnez	vous gagniez	vous gagnerez
ils gagnent	ils gagnaient	ils gagneront

PAST HISTORIC	PERFECT	PLUPERFECT
je gagnai	j'ai gagné	j'avais gagné
tu gagnas	tu as gagné	tu avais gagné
il gagna	il a gagné	il avait gagné
nous gagnâmes	nous avons gagné	nous avions gagné
vous gagnâtes	vous avez gagné	vous aviez gagné
ils gagnèrent	ils ont gagné	ils avaient gagné

PAST ANTERIOR	FUTURE PERFECT
j'eus gagné etc	j'aurai gagné etc

IMPERATIVE	CONDITIONAL	
	PRESENT	PAST
gagne	je gagnerais	j'aurais gagné
gagnons	tu gagnerais	tu aurais gagné
gagnez	il gagnerait	il aurait gagné
	nous gagnerions	nous aurions gagné
	vous gagneriez	vous auriez gagné
	ils gagneraient	ils auraient gagné

SUBJUNCTIVE		
PRESENT	IMPERFECT	PERFECT
je gagne	je gagnasse	j'aie gagné
tu gagnes	tu gagnasses	tu aies gagné
il gagne	il gagnât	il ait gagné
nous gagnions	nous gagnassions	nous ayons gagné
vous gagniez	vous gagnassiez	vous ayez gagné
ils gagnent	ils gagnassent	ils aient gagné

INFINITIVE	PARTICIPLE
PRESENT	PRESENT
gagner	gagnant
PAST	PAST
avoir gagné	gagné

GESIR
to be lying

PRESENT	IMPERFECT	FUTURE
je gis	je gisais	
tu gis	tu gisais	
il gît	il gisait	
nous gisons	nous gisions	
vous gisez	vous gisiez	
ils gisent	ils gisaient	

PAST HISTORIC	PERFECT	PLUPERFECT

PAST ANTERIOR	FUTURE PERFECT

IMPERATIVE	CONDITIONAL PRESENT	PAST

SUBJUNCTIVE PRESENT	IMPERFECT	PERFECT

INFINITIVE PRESENT	PARTICIPLE PRESENT
gésir	gisant
PAST	PAST

HAIR
to hate

PRESENT	IMPERFECT	FUTURE
je hais	je haïssais	je haïrai
tu hais	tu haïssais	tu haïras
il hait	il haïssait	il haïra
nous haïssons	nous haïssions	nous haïrons
vous haïssez	vous haïssiez	vous haïrez
ils haïssent	ils haïssaient	ils haïront

PAST HISTORIC	PERFECT	PLUPERFECT
je haïs	j'ai haï	j'avais haï
tu haïs	tu as haï	tu avais haï
il haït	il a haï	il avait haï
nous haïmes	nous avons haï	nous avions haï
vous haïtes	vous avez haï	vous aviez haï
ils haïrent	ils ont haï	ils avaient haï

PAST ANTERIOR	FUTURE PERFECT
j'eus haï etc	j'aurai haï etc

IMPERATIVE	CONDITIONAL	
	PRESENT	PAST
hais	je haïrais	j'aurais haï
haïssons	tu haïrais	tu aurais haï
haïssez	il haïrait	il aurait haï
	nous haïrions	nous aurions haï
	vous haïriez	vous auriez haï
	ils haïraient	ils auraient haï

SUBJUNCTIVE

PRESENT	IMPERFECT	PERFECT
je haïsse	je haïsse	j'aie haï
tu haïsses	tu haïsses	tu aies haï
il haïsse	il haït	il ait haï
nous haïssions	nous haïssions	nous ayons haï
vous haïssiez	vous haïssiez	vous ayez haï
ils haïssent	ils haïssent	ils aient haï

INFINITIVE	PARTICIPLE
PRESENT	PRESENT
haïr	haïssant
PAST	PAST
avoir haï	haï

HESITER
to hesitate

PRESENT	**IMPERFECT**	**FUTURE**
j'hésite	j'hésitais	j'hésiterai
tu hésites	tu hésitais	tu hésiteras
il hésite	il hésitait	il hésitera
nous hésitons	nous hésitions	nous hésiterons
vous hésitez	vous hésitiez	vous hésiterez
ils hésitent	ils hésitaient	ils hésiteront

PAST HISTORIC	**PERFECT**	**PLUPERFECT**
j'hésitai	j'ai hésité	j'avais hésité
tu hésitas	tu as hésité	tu avais hésité
il hésita	il a hésité	il avait hésité
nous hésitâmes	nous avons hésité	nous avions hésité
vous hésitâtes	vous avez hésité	vous aviez hésité
ils hésitèrent	ils ont hésité	ils avaient hésité

PAST ANTERIOR	**FUTURE PERFECT**
j'eus hésité etc	j'aurai hésité etc

IMPERATIVE	*CONDITIONAL*	
	PRESENT	**PAST**
hésite	j'hésiterais	j'aurais hésité
hésitons	tu hésiterais	tu aurais hésité
hésitez	il hésiterait	il aurait hésité
	nous hésiterions	nous aurions hésité
	vous hésiteriez	vous auriez hésité
	ils hésiteraient	ils auraient hésité

SUBJUNCTIVE

PRESENT	**IMPERFECT**	**PERFECT**
j'hésite	j'hésitasse	j'aie hésité
tu hésites	tu hésitasses	tu aies hésité
il hésite	il hésitât	il ait hésité
nous hésitions	nous hésitassions	nous ayons hésité
vous hésitiez	vous hésitassiez	vous ayez hésité
ils hésitent	ils hésitassent	ils aient hésité

INFINITIVE	*PARTICIPLE*
PRESENT	**PRESENT**
hésiter	hésitant
PAST	**PAST**
avoir hésité	hésité

HURLER
to yell

PRESENT	IMPERFECT	FUTURE
je hurle	je hurlais	je hurlerai
tu hurles	tu hurlais	tu hurleras
il hurle	il hurlait	il hurlera
nous hurlons	nous hurlions	nous hurlerons
vous hurlez	vous hurliez	vous hurlerez
ils hurlent	ils hurlaient	ils hurleront

PAST HISTORIC	PERFECT	PLUPERFECT
je hurlai	j'ai hurlé	j'avais hurlé
tu hurlas	tu as hurlé	tu avais hurlé
il hurla	il a hurlé	il avait hurlé
nous hurlâmes	nous avons hurlé	nous avions hurlé
vous hurlâtes	vous avez hurlé	vous aviez hurlé
ils hurlèrent	ils ont hurlé	ils avaient hurlé

PAST ANTERIOR	FUTURE PERFECT
j'eus hurlé etc	j'aurai hurlé etc

IMPERATIVE	*CONDITIONAL*	
	PRESENT	PAST
hurle	je hurlerais	j'aurais hurlé
hurlons	tu hurlerais	tu aurais hurlé
hurlez	il hurlerait	il aurait hurlé
	nous hurlerions	nous aurions hurlé
	vous hurleriez	vous auriez hurlé
	ils hurleraient	ils auraient hurlé

SUBJUNCTIVE

PRESENT	IMPERFECT	PERFECT
je hurle	je hurlasse	j'aie hurlé
tu hurles	tu hurlasses	tu aies hurlé
il hurle	il hurlât	il ait hurlé
nous hurlions	nous hurlassions	nous ayons hurlé
vous hurliez	vous hurlassiez	vous ayez hurlé
ils hurlent	ils hurlassent	ils aient hurlé

INFINITIVE	*PARTICIPLE*
PRESENT	PRESENT
hurler	hurlant
PAST	PAST
avoir hurlé	hurlé

INCLURE
to include

PRESENT	**IMPERFECT**	**FUTURE**
j'inclus	j'incluais	j'inclurai
tu inclus	tu incluais	tu incluras
il inclut	il incluait	il inclura
nous incluons	nous incluions	nous inclurons
vous incluez	vous incluiez	vous inclurez
ils incluent	ils incluaient	ils incluront

PAST HISTORIC	**PERFECT**	**PLUPERFECT**
j'inclus	j'ai inclus	j'avais inclus
tu inclus	tu as inclus	tu avais inclus
il inclut	il a inclus	il avait inclus
nous inclûmes	nous avons inclus	nous avions inclus
vous inclûtes	vous avez inclus	vous aviez inclus
ils inclurent	ils ont inclus	ils avaient inclus

PAST ANTERIOR	**FUTURE PERFECT**	
j'eus inclus etc	j'aurai inclus etc	

IMPERATIVE	*CONDITIONAL*	
	PRESENT	**PAST**
inclus	j'inclurais	j'aurais inclus
incluons	tu inclurais	tu aurais inclus
incluez	il inclurait	il aurait inclus
	nous inclurions	nous aurions inclus
	vous incluriez	vous auriez inclus
	ils incluraient	ils auraient inclus

SUBJUNCTIVE		
PRESENT	**IMPERFECT**	**PERFECT**
j'inclue	j'inclusse	j'aie inclus
tu inclues	tu inclusses	tu aies inclus
il inclue	il inclût	il ait inclus
nous incluions	nous inclussions	nous ayons inclus
vous incluiez	vous inclussiez	vous ayez inclus
ils incluent	ils inclussent	ils aient inclus

INFINITIVE	*PARTICIPLE*	
PRESENT	**PRESENT**	
inclure	incluant	
PAST	**PAST**	
avoir inclus	inclus	

INDIQUER
to indicate

PRESENT	IMPERFECT	FUTURE
j'indique	j'indiquais	j'indiquerai
tu indiques	tu indiquais	tu indiqueras
il indique	il indiquait	il indiquera
nous indiquons	nous indiquions	nous indiquerons
vous indiquez	vous indiquiez	vous indiquerez
ils indiquent	ils indiquaient	ils indiqueront

PAST HISTORIC	PERFECT	PLUPERFECT
j'indiquai	j'ai indiqué	j'avais indiqué
tu indiquas	tu as indiqué	tu avais indiqué
il indiqua	il a indiqué	il avait indiqué
nous indiquâmes	nous avons indiqué	nous avions indiqué
vous indiquâtes	vous avez indiqué	vous aviez indiqué
ils indiquèrent	ils ont indiqué	ils avaient indiqué

PAST ANTERIOR	FUTURE PERFECT
j'eus indiqué etc	j'aurai indiqué etc

IMPERATIVE	*CONDITIONAL*	
	PRESENT	PAST
indique	j'indiquerais	j'aurais indiqué
indiquons	tu indiquerais	tu aurais indiqué
indiquez	il indiquerait	il aurait indiqué
	nous indiquerions	nous aurions indiqué
	vous indiqueriez	vous auriez indiqué
	ils indiqueraient	ils auraient indiqué

SUBJUNCTIVE		
PRESENT	IMPERFECT	PERFECT
j'indique	j'indiquasse	j'aie indiqué
tu indiques	tu indiquasses	tu aies indiqué
il indique	il indiquât	il ait indiqué
nous indiquions	nous indiquassions	nous ayons indiqué
vous indiquiez	vous indiquassiez	vous ayez indiqué
ils indiquent	ils indiquassent	ils aient indiqué

INFINITIVE	*PARTICIPLE*
PRESENT	PRESENT
indiquer	indiquant
PAST	PAST
avoir indiqué	indiqué

PRESENT

j'intègre
tu intègres
il intègre
nous intégrons
vous intégrez
ils intègrent

IMPERFECT

j'intégrais
tu intégrais
il intégrait
nous intégrions
vous intégriez
ils intégraient

FUTURE

j'intégrerai
tu intégreras
il intégrera
nous intégrerons
vous intégrerez
ils intégreront

PAST HISTORIC

j'intégrai
tu intégras
il intégra
nous intégrâmes
vous intégrâtes
ils intégrèrent

PERFECT

j'ai intégré
tu as intégré
il a intégré
nous avons intégré
vous avez intégré
ils ont intégré

PLUPERFECT

j'avais intégré
tu avais intégré
il avait intégré
nous avions intégré
vous aviez intégré
ils avaient intégré

PAST ANTERIOR

j'eus intégré etc

FUTURE PERFECT

j'aurai intégré etc

IMPERATIVE

intègre
intégrons
intégrez

CONDITIONAL

PRESENT

j'intégrerais
tu intégrerais
il intégrerait
nous intégrerions
vous intégreriez
ils intégreraient

PAST

j'aurais intégré
tu aurais intégré
il aurait intégré
nous aurions intégré
vous auriez intégré
ils auraient intégré

SUBJUNCTIVE

PRESENT

j'intègre
tu intègres
il intègre
nous intégrions
vous intégriez
ils intègrent

IMPERFECT

j'intégrasse
tu intégrasses
il intégrât
nous intégrassions
vous intégrassiez
ils intégrassent

PERFECT

j'aie intégré
tu aies intégré
il ait intégré
nous ayons intégré
vous ayez intégré
ils aient intégré

INFINITIVE

PRESENT

intégrer

PAST

avoir intégré

PARTICIPLE

PRESENT

intégrant

PAST

intégré

INTERDIRE
to forbid

PRESENT	IMPERFECT	FUTURE
j'interdis	j'interdisais	j'interdirai
tu interdis	tu interdisais	tu interdiras
il interdit	il interdisait	il interdira
nous interdisons	nous interdisions	nous interdirons
vous interdisez	vous interdisiez	vous interdirez
ils interdisent	ils interdisaient	ils interdiront

PAST HISTORIC	PERFECT	PLUPERFECT
j'interdis	j'ai interdit	j'avais interdit
tu interdis	tu as interdit	tu avais interdit
il interdit	il a interdit	il avait interdit
nous interdîmes	nous avons interdit	nous avions interdit
vous interdîtes	vous avez interdit	vous aviez interdit
ils interdirent	ils ont interdit	ils avaient interdit

PAST ANTERIOR	FUTURE PERFECT
j'eus interdit etc	j'aurai interdit etc

IMPERATIVE	CONDITIONAL	
	PRESENT	PAST
interdis	j'interdirais	j'aurais interdit
interdisons	tu interdirais	tu aurais interdit
interdisez	il interdirait	il aurait interdit
	nous interdirions	nous aurions interdit
	vous interdiriez	vous auriez interdit
	ils interdiraient	ils auraient interdit

SUBJUNCTIVE

PRESENT	IMPERFECT	PERFECT
j'interdise	j'interdisse	j'aie interdit
tu interdises	tu interdisses	tu aies interdit
il interdise	il interdît	il ait interdit
nous interdisions	nous interdissions	nous ayons interdit
vous interdisiez	vous interdissiez	vous ayez interdit
ils interdisent	ils interdissent	ils aient interdit

INFINITIVE	PARTICIPLE	NOTE
PRESENT	PRESENT	
interdire	interdisant	
PAST	PAST	
avoir interdit	interdit	

JETER
to throw (away)

PRESENT	IMPERFECT	FUTURE
je jette	je jetais	je jetterai
tu jettes	tu jetais	tu jetteras
il jette	il jetait	il jettera
nous jetons	nous jetions	nous jetterons
vous jetez	vous jetiez	vous jetterez
ils jettent	ils jetaient	ils jetteront

PAST HISTORIC	PERFECT	PLUPERFECT
je jetai	j'ai jeté	j'avais jeté
tu jetas	tu as jeté	tu avais jeté
il jeta	il a jeté	il avait jeté
nous jetâmes	nous avons jeté	nous avions jeté
vous jetâtes	vous avez jeté	vous aviez jeté
ils jetèrent	ils ont jeté	ils avaient jeté

PAST ANTERIOR	FUTURE PERFECT
j'eus jeté etc	j'aurai jeté etc

IMPERATIVE	CONDITIONAL	
	PRESENT	PAST
jette	je jetterais	j'aurais jeté
jetons	tu jetterais	tu aurais jeté
jetez	il jetterait	il aurait jeté
	nous jetterions	nous aurions jeté
	vous jetteriez	vous auriez jeté
	ils jetteraient	ils auraient jeté

SUBJUNCTIVE

PRESENT	IMPERFECT	PERFECT
je jette	je jetasse	j'aie jeté
tu jettes	tu jetasses	tu aies jeté
il jette	il jetât	il ait jeté
nous jetions	nous jetassions	nous ayons jeté
vous jetiez	vous jetassiez	vous ayez jeté
ils jettent	ils jetassent	ils aient jeté

INFINITIVE	PARTICIPLE
PRESENT	PRESENT
jeter	jetant
PAST	PAST
avoir jeté	jeté

JOINDRE
to join

PRESENT	IMPERFECT	FUTURE
je joins	je joignais	je joindrai
tu joins	tu joignais	tu joindras
il joint	il joignait	il joindra
nous joignons	nous joignions	nous joindrons
vous joignez	vous joigniez	vous joindrez
ils joignent	ils joignaient	ils joindront

PAST HISTORIC	PERFECT	PLUPERFECT
je joignis	j'ai joint	j'avais joint
tu joignis	tu as joint	tu avais joint
il joignit	il a joint	il avait joint
nous joignîmes	nous avons joint	nous avions joint
vous joignîtes	vous avez joint	vous aviez joint
ils joignirent	ils ont joint	ils avaient joint

PAST ANTERIOR	FUTURE PERFECT
j'eus joint etc	j'aurai joint etc

IMPERATIVE	CONDITIONAL	
	PRESENT	PAST
joins	je joindrais	j'aurais joint
joignons	tu joindrais	tu aurais joint
joignez	il joindrait	il aurait joint
	nous joindrions	nous aurions joint
	vous joindriez	vous auriez joint
	ils joindraient	ils auraient joint

SUBJUNCTIVE

PRESENT	IMPERFECT	PERFECT
je joigne	je joignisse	j'aie joint
tu joignes	tu joignisses	tu aies joint
il joigne	il joignît	il ait joint
nous joignions	nous joignissions	nous ayons joint
vous joigniez	vous joignissiez	vous ayez joint
ils joignent	ils joignissent	ils aient joint

INFINITIVE	PARTICIPLE	NOTE
PRESENT	PRESENT	oindre: only infinitive and past participle are used
joindre	joignant	
PAST	PAST	
avoir joint	joint	

JOUER
to play

110

PRESENT

je joue
tu joues
il joue
nous jouons
vous jouez
ils jouent

IMPERFECT

je jouais
tu jouais
il jouait
nous jouions
vous jouiez
ils jouaient

FUTURE

je jouerai
tu joueras
il jouera
nous jouerons
vous jouerez
ils joueront

PAST HISTORIC

je jouai
tu jouas
il joua
nous jouâmes
vous jouâtes
ils jouèrent

PERFECT

j'ai joué
tu as joué
il a joué
nous avons joué
vous avez joué
ils ont joué

PLUPERFECT

j'avais joué
tu avais joué
il avait joué
nous avions joué
vous aviez joué
ils avaient joué

PAST ANTERIOR

j'eus joué etc

FUTURE PERFECT

j'aurai joué etc

IMPERATIVE

joue
jouons
jouez

CONDITIONAL

PRESENT

je jouerais
tu jouerais
il jouerait
nous jouerions
vous joueriez
ils joueraient

PAST

j'aurais joué
tu aurais joué
il aurait joué
nous aurions joué
vous auriez joué
ils auraient joué

SUBJUNCTIVE

PRESENT

je joue
tu joues
il joue
nous jouions
vous jouiez
ils jouent

IMPERFECT

je jouasse
tu jouasses
il jouât
nous jouassions
vous jouassiez
ils jouassent

PERFECT

j'aie joué
tu aies joué
il ait joué
nous ayons joué
vous ayez joué
ils aient joué

INFINITIVE

PRESENT

jouer

PAST

avoir joué

PARTICIPLE

PRESENT

jouant

PAST

joué

111

JUGER
to judge

PRESENT	IMPERFECT	FUTURE
je juge	je jugeais	je jugerai
tu juges	tu jugeais	tu jugeras
il juge	il jugeait	il jugera
nous jugeons	nous jugions	nous jugerons
vous jugez	vous jugiez	vous jugerez
ils jugent	ils jugeaient	ils jugeront

PAST HISTORIC	PERFECT	PLUPERFECT
je jugeai	j'ai jugé	j'avais jugé
tu jugeas	tu as jugé	tu avais jugé
il jugea	il a jugé	il avait jugé
nous jugeâmes	nous avons jugé	nous avions jugé
vous jugeâtes	vous avez jugé	vous aviez jugé
ils jugèrent	ils ont jugé	ils avaient jugé

PAST ANTERIOR	FUTURE PERFECT
j'eus jugé etc	j'aurai jugé etc

IMPERATIVE	CONDITIONAL	
	PRESENT	PAST
juge	je jugerais	j'aurais jugé
jugeons	tu jugerais	tu aurais jugé
jugez	il jugerait	il aurait jugé
	nous jugerions	nous aurions jugé
	vous jugeriez	vous auriez jugé
	ils jugeraient	ils auraient jugé

SUBJUNCTIVE		
PRESENT	IMPERFECT	PERFECT
je juge	je jugeasse	j'aie jugé
tu juges	tu jugeasses	tu aies jugé
il juge	il jugeât	il ait jugé
nous jugions	nous jugeassions	nous ayons jugé
vous jugiez	vous jugeassiez	vous ayez jugé
ils jugent	ils jugeassent	ils aient jugé

INFINITIVE	PARTICIPLE
PRESENT	PRESENT
juger	jugeant
PAST	PAST
avoir jugé	jugé

LANCER
to throw

PRESENT	**IMPERFECT**	**FUTURE**
je lance	je lançais	je lancerai
tu lances	tu lançais	tu lanceras
il lance	il lançait	il lancera
nous lançons	nous lancions	nous lancerons
vous lancez	vous lanciez	vous lancerez
ils lancent	ils lançaient	ils lanceront

PAST HISTORIC	**PERFECT**	**PLUPERFECT**
je lançai	j'ai lancé	j'avais lancé
tu lanças	tu as lancé	tu avais lancé
il lança	il a lancé	il avait lancé
nous lançâmes	nous avons lancé	nous avions lancé
vous lançâtes	vous avez lancé	vous aviez lancé
ils lancèrent	ils ont lancé	ils avaient lancé

PAST ANTERIOR	**FUTURE PERFECT**
j'eus lancé etc	j'aurai lancé etc

IMPERATIVE	*CONDITIONAL*	
	PRESENT	**PAST**
lance	je lancerais	j'aurais lancé
lançons	tu lancerais	tu aurais lancé
lancez	il lancerait	il aurait lancé
	nous lancerions	nous aurions lancé
	vous lanceriez	vous auriez lancé
	ils lanceraient	ils auraient lancé

SUBJUNCTIVE		
PRESENT	**IMPERFECT**	**PERFECT**
je lance	je lançasse	j'aie lancé
tu lances	tu lançasses	tu aies lancé
il lance	il lançât	il ait lancé
nous lancions	nous lançassions	nous ayons lancé
vous lanciez	vous lançassiez	vous ayez lancé
ils lancent	ils lançassent	ils aient lancé

INFINITIVE	*PARTICIPLE*
PRESENT	**PRESENT**
lancer	lançant
PAST	**PAST**
avoir lancé	lancé

113 LEGUER
to bequeath

PRESENT	IMPERFECT	FUTURE
je lègue	je léguais	je léguerai
tu lègues	tu léguais	tu légueras
il lègue	il léguait	il léguera
nous léguons	nous léguions	nous léguerons
vous léguez	vous léguiez	vous léguerez
ils lèguent	ils léguaient	ils légueront

PAST HISTORIC	PERFECT	PLUPERFECT
je léguai	j'ai légué	j'avais légué
tu léguas	tu as légué	tu avais légué
il légua	il a légué	il avait légué
nous léguâmes	nous avons légué	nous avions légué
vous léguâtes	vous avez légué	vous aviez légué
ils léguèrent	ils ont légué	ils avaient légué

PAST ANTERIOR	FUTURE PERFECT
j'eus légué etc	j'aurai légué etc

IMPERATIVE	CONDITIONAL	
	PRESENT	PAST
lègue	je léguerais	j'aurais légué
léguons	tu léguerais	tu aurais légué
léguez	il léguerait	il aurait légué
	nous léguerions	nous aurions légué
	vous légueriez	vous auriez légué
	ils légueraient	ils auraient légué

SUBJUNCTIVE

PRESENT	IMPERFECT	PERFECT
je lègue	je léguasse	j'aie légué
tu lègues	tu léguasses	tu aies légué
il lègue	il léguât	il ait légué
nous léguions	nous léguassions	nous ayons légué
vous léguiez	vous léguassiez	vous ayez légué
ils lèguent	ils léguassent	ils aient légué

INFINITIVE	PARTICIPLE
PRESENT	PRESENT
léguer	léguant
PAST	PAST
avoir légué	légué

LESER
to wrong

PRESENT	IMPERFECT	FUTURE
je lèse	je lésais	je léserai
tu lèses	tu lésais	tu léseras
il lèse	il lésait	il lésera
nous lésons	nous lésions	nous léserons
vous lésez	vous lésiez	vous léserez
ils lèsent	ils lésaient	ils léseront

PAST HISTORIC	PERFECT	PLUPERFECT
je lésai	j'ai lésé	j'avais lésé
tu lésas	tu as lésé	tu avais lésé
il lésa	il a lésé	il avait lésé
nous lésâmes	nous avons lésé	nous avions lésé
vous lésâtes	vous avez lésé	vous aviez lésé
ils lésèrent	ils ont lésé	ils avaient lésé

PAST ANTERIOR	FUTURE PERFECT
j'eus lésé etc	j'aurai lésé etc

IMPERATIVE	CONDITIONAL	
	PRESENT	PAST
lèse	je léserais	j'aurais lésé
lésons	tu léserais	tu aurais lésé
lésez	il léserait	il aurait lésé
	nous léserions	nous aurions lésé
	vous léseriez	vous auriez lésé
	ils léseraient	ils auraient lésé

SUBJUNCTIVE

PRESENT	IMPERFECT	PERFECT
je lèse	je lésasse	j'aie lésé
tu lèses	tu lésasses	tu aies lésé
il lèse	il lésât	il ait lésé
nous lésions	nous lésassions	nous ayons lésé
vous lésiez	vous lésassiez	vous ayez lésé
ils lèsent	ils lésassent	ils aient lésé

INFINITIVE	PARTICIPLE
PRESENT	PRESENT
léser	lésant
PAST	PAST
avoir lésé	lésé

115 LIRE
to read

PRESENT	IMPERFECT	FUTURE
je lis	je lisais	je lirai
tu lis	tu lisais	tu liras
il lit	il lisait	il lira
nous lisons	nous lisions	nous lirons
vous lisez	vous lisiez	vous lirez
ils lisent	ils lisaient	ils liront

PAST HISTORIC	PERFECT	PLUPERFECT
je lus	j'ai lu	j'avais lu
tu lus	tu as lu	tu avais lu
il lut	il a lu	il avait lu
nous lûmes	nous avons lu	nous avions lu
vous lûtes	vous avez lu	vous aviez lu
ils lurent	ils ont lu	ils avaient lu

PAST ANTERIOR	FUTURE PERFECT
j'eus lu etc	j'aurai lu etc

IMPERATIVE	CONDITIONAL	
	PRESENT	PAST
lis	je lirais	j'aurais lu
lisons	tu lirais	tu aurais lu
lisez	il lirait	il aurait lu
	nous lirions	nous aurions lu
	vous liriez	vous auriez lu
	ils liraient	ils auraient lu

SUBJUNCTIVE

PRESENT	IMPERFECT	PERFECT
je lise	je lusse	j'aie lu
tu lises	tu lusses	tu aies lu
il lise	il lût	il ait lu
nous lisions	nous lussions	nous ayons lu
vous lisiez	vous lussiez	vous ayez lu
ils lisent	ils lussent	ils aient lu

INFINITIVE	PARTICIPLE
PRESENT	PRESENT
lire	lisant
PAST	PAST
avoir lu	lu

PRESENT	IMPERFECT	FUTURE
je mange	je mangeais	je mangerai
tu manges	tu mangeais	tu mangeras
il mange	il mangeait	il mangera
nous mangeons	nous mangions	nous mangerons
vous mangez	vous mangiez	vous mangerez
ils mangent	ils mangeaient	ils mangeront

PAST HISTORIC	PERFECT	PLUPERFECT
je mangeai	j'ai mangé	j'avais mangé
tu mangeas	tu as mangé	tu avais mangé
il mangea	il a mangé	il avait mangé
nous mangeâmes	nous avons mangé	nous avions mangé
vous mangeâtes	vous avez mangé	vous aviez mangé
ils mangèrent	ils ont mangé	ils avaient mangé

PAST ANTERIOR	FUTURE PERFECT
j'eus mangé etc	j'aurai mangé etc

IMPERATIVE	*CONDITIONAL*	
	PRESENT	**PAST**
mange	je mangerais	j'aurais mangé
mangeons	tu mangerais	tu aurais mangé
mangez	il mangerait	il aurait mangé
	nous mangerions	nous aurions mangé
	vous mangeriez	vous auriez mangé
	ils mangeraient	ils auraient mangé

SUBJUNCTIVE		
PRESENT	**IMPERFECT**	**PERFECT**
je mange	je mangeasse	j'aie mangé
tu manges	tu mangeasses	tu aies mangé
il mange	il mangeât	il ait mangé
nous mangions	nous mangeassions	nous ayons mangé
vous mangiez	vous mangeassiez	vous ayez mangé
ils mangent	ils mangeassent	ils aient mangé

INFINITIVE	*PARTICIPLE*
PRESENT	**PRESENT**
manger	mangeant
PAST	**PAST**
avoir mangé	mangé

MAUDIRE
to curse

PRESENT	IMPERFECT	FUTURE
je maudis	je maudissais	je maudirai
tu maudis	tu maudissais	tu maudiras
il maudit	il maudissait	il maudira
nous maudissons	nous maudissions	nous maudirons
vous maudissez	vous maudissiez	vous maudirez
ils maudissent	ils maudissaient	ils maudiront

PAST HISTORIC	PERFECT	PLUPERFECT
je maudis	j'ai maudit	j'avais maudit
tu maudis	tu as maudit	tu avais maudit
il maudit	il a maudit	il avait maudit
nous maudîmes	nous avons maudit	nous avions maudit
vous maudîtes	vous avez maudit	vous aviez maudit
ils maudirent	ils ont maudit	ils avaient maudit

PAST ANTERIOR	FUTURE PERFECT
j'eus maudit etc	j'aurai maudit etc

IMPERATIVE	CONDITIONAL	
	PRESENT	PAST
maudis	je maudirais	j'aurais maudit
maudissons	tu maudirais	tu aurais maudit
maudissez	il maudirait	il aurait maudit
	nous maudirions	nous aurions maudit
	vous maudiriez	vous auriez maudit
	ils maudiraient	ils auraient maudit

SUBJUNCTIVE

PRESENT	IMPERFECT	PERFECT
je maudisse	je maudisse	j'aie maudit
tu maudisses	tu maudisses	tu aies maudit
il maudisse	il maudît	il ait maudit
nous maudissions	nous maudissions	nous ayons maudit
vous maudissiez	vous maudissiez	vous ayez maudit
ils maudissent	ils maudissent	ils aient maudit

INFINITIVE	PARTICIPLE
PRESENT	PRESENT
maudire	maudissant
PAST	PAST
avoir maudit	maudit

PRESENT	IMPERFECT	FUTURE
je me méfie	je me méfiais	je me méfierai
tu te méfies	tu te méfiais	tu te méfieras
il se méfie	il se méfiait	il se méfiera
nous nous méfions	nous nous méfiions	nous nous méfierons
vous vous méfiez	vous vous méfiiez	vous vous méfierez
ils se méfient	ils se méfiaient	ils se méfieront

PAST HISTORIC	PERFECT	PLUPERFECT
je me méfiai	je me suis méfié	je m'étais méfié
tu te méfias	tu t'es méfié	tu t'étais méfié
il se méfia	il s'est méfié	il s'était méfié
nous nous méfiâmes	nous ns. sommes méfiés	nous ns. étions méfiés
vous vous méfiâtes	vous vs. êtes méfié(s)	vous vs. étiez méfié(s)
ils se méfièrent	ils se sont méfiés	ils s'étaient méfiés

PAST ANTERIOR	FUTURE PERFECT
je me fus méfié etc	je me serai méfié etc

IMPERATIVE	CONDITIONAL	
	PRESENT	PAST
méfie-toi	je me méfierais	je me serais méfié
méfions-nous	tu te méfierais	tu te serais méfié
méfiez-vous	il se méfierait	il se serait méfié
	nous nous méfierions	nous ns. serions méfiés
	vous vous méfieriez	vous vs. seriez méfié(s)
	ils se méfieraient	ils se seraient méfiés

SUBJUNCTIVE		
PRESENT	IMPERFECT	PERFECT
je me méfie	je me méfiasse	je me sois méfié
tu te méfies	tu te méfiasses	tu te sois méfié
il se méfie	il se méfiât	il se soit méfié
nous nous méfiions	nous nous méfiassions	nous ns. soyons méfiés
vous vous méfiiez	vous vous méfiassiez	vous vs. soyez méfié(s)
ils se méfient	ils se méfiassent	ils se soient méfiés

INFINITIVE	PARTICIPLE
PRESENT	PRESENT
se méfier	se méfiant
PAST	PAST
s'être méfié	méfié

MENER
to lead

PRESENT	IMPERFECT	FUTURE
je mène	je menais	je mènerai
tu mènes	tu menais	tu mèneras
il mène	il menait	il mènera
nous menons	nous menions	nous mènerons
vous menez	vous meniez	vous mènerez
ils mènent	ils menaient	ils mèneront

PAST HISTORIC	PERFECT	PLUPERFECT
je menai	j'ai mené	j'avais mené
tu menais	tu as mené	tu avais mené
il mena	il a mené	il avait mené
nous menâmes	nous avons mené	nous avions mené
vous menâtes	vous avez mené	vous aviez mené
ils menèrent	ils ont mené	ils avaient mené

PAST ANTERIOR	FUTURE PERFECT
j'eus mené etc	j'aurai mené etc

IMPERATIVE	CONDITIONAL	
	PRESENT	PAST
mène	je mènerais	j'aurais mené
menons	tu mènerais	tu aurais mené
menez	il mènerait	il aurait mené
	nous mènerions	nous aurions mené
	vous mèneriez	vous auriez mené
	ils mèneraient	ils auraient mené

SUBJUNCTIVE		
PRESENT	IMPERFECT	PERFECT
je mène	je menasse	j'aie mené
tu mènes	tu menasses	tu aies mené
il mène	il menât	il ait mené
nous menions	nous menassions	nous ayons mené
vous meniez	vous menassiez	vous ayez mené
ils mènent	ils menassent	ils aient mené

INFINITIVE	PARTICIPLE
PRESENT	PRESENT
mener	menant
PAST	PAST
avoir mené	mené

PRESENT

je mens
tu mens
il ment
nous mentons
vous mentez
ils mentent

IMPERFECT

je mentais
tu mentais
il mentait
nous mentions
vous mentiez
ils mentaient

FUTURE

je mentirai
tu mentiras
il mentira
nous mentirons
vous mentirez
ils mentiront

PAST HISTORIC

je mentis
tu mentis
il mentit
nous mentîmes
vous mentîtes
ils mentirent

PERFECT

j'ai menti
tu as menti
il a menti
nous avons menti
vous avez menti
ils ont menti

PLUPERFECT

j'avais menti
tu avais menti
il avait menti
nous avions menti
vous aviez menti
ils avaient menti

PAST ANTERIOR

j'eus menti etc

FUTURE PERFECT

j'aurai menti etc

IMPERATIVE

mens
mentons
mentez

CONDITIONAL

PRESENT

je mentirais
tu mentirais
il mentirait
nous mentirions
vous mentiriez
ils mentiraient

PAST

j'aurais menti
tu aurais menti
il aurait menti
nous aurions menti
vous auriez menti
ils auraient menti

SUBJUNCTIVE

PRESENT

je mente
tu mentes
il mente
nous mentions
vous mentiez
ils mentent

IMPERFECT

je mentisse
tu mentisses
il mentît
nous mentissions
vous mentissiez
ils mentissent

PERFECT

j'aie menti
tu aies menti
il ait menti
nous ayons menti
vous ayez menti
ils aient menti

INFINITIVE

PRESENT

mentir

PAST

avoir menti

PARTICIPLE

PRESENT

mentant

PAST

menti

METTRE
to put

PRESENT	IMPERFECT	FUTURE
je mets	je mettais	je mettrai
tu mets	tu mettais	tu mettras
il met	il mettait	il mettra
nous mettons	nous mettions	nous mettrons
vous mettez	vous mettiez	vous mettrez
ils mettent	ils mettaient	ils mettront

PAST HISTORIC	PERFECT	PLUPERFECT
je mis	j'ai mis	j'avais mis
tu mis	tu as mis	tu avais mis
il mit	il a mis	il avait mis
nous mîmes	nous avons mis	nous avions mis
vous mîtes	vous avez mis	vous aviez mis
ils mirent	ils ont mis	ils avaient mis

PAST ANTERIOR	FUTURE PERFECT
j'eus mis etc	j'aurai mis etc

IMPERATIVE	CONDITIONAL	
	PRESENT	PAST
mets	je mettrais	j'aurais mis
mettons	tu mettrais	tu aurais mis
mettez	il mettrait	il aurait mis
	nous mettrions	nous aurions mis
	vous mettriez	vous auriez mis
	ils mettraient	ils auraient mis

SUBJUNCTIVE

PRESENT	IMPERFECT	PERFECT
je mette	je misse	j'aie mis
tu mettes	tu misses	tu aies mis
il mette	il mît	il ait mis
nous mettions	nous missions	nous ayons mis
vous mettiez	vous missiez	vous ayez mis
ils mettent	ils missent	ils aient mis

INFINITIVE	PARTICIPLE
PRESENT	PRESENT
mettre	mettant
PAST	PAST
avoir mis	mis

MONTER
to go up

PRESENT	**IMPERFECT**	**FUTURE**
je monte	je montais	je monterai
tu montes	tu montais	tu monteras
il monte	il montait	il montera
nous montons	nous montions	nous monterons
vous montez	vous montiez	vous monterez
ils montent	ils montaient	ils monteront

PAST HISTORIC	**PERFECT**	**PLUPERFECT**
je montai	je suis monté	j'étais monté
tu montas	tu es monté	tu étais monté
il monta	il est monté	il était monté
nous montâmes	nous sommes montés	nous étions montés
vous montâtes	vous êtes monté(s)	vous étiez monté(s)
ils montèrent	ils sont montés	ils étaient montés

PAST ANTERIOR	**FUTURE PERFECT**
je fus monté etc	je serai monté etc

IMPERATIVE	**CONDITIONAL**	
	PRESENT	**PAST**
monte	je monterais	je serais monté
montons	tu monterais	tu serais monté
montez	il monterait	il serait monté
	nous monterions	nous serions montés
	vous monteriez	vous seriez monté(s)
	ils monteraient	ils seraient montés

SUBJUNCTIVE

PRESENT	**IMPERFECT**	**PERFECT**
je monte	je montasse	je sois monté
tu montes	tu montasses	tu sois monté
il monte	il montât	il soit monté
nous montions	nous montassions	nous soyons montés
vous montiez	vous montassiez	vous soyez monté(s)
ils montent	ils montassent	ils soient montés

INFINITIVE	**PARTICIPLE**	**NOTE**
PRESENT	**PRESENT**	*auxiliary* avoir *when transitive*
monter	montant	
PAST	**PAST**	
être monté	monté	

MORDRE
to bite

PRESENT	**IMPERFECT**	**FUTURE**
je mords	je mordais	je mordrai
tu mords	tu mordais	tu mordras
il mord	il mordait	il mordra
nous mordons	nous mordions	nous mordrons
vous mordez	vous mordiez	vous mordrez
ils mordent	ils mordaient	ils mordront

PAST HISTORIC	**PERFECT**	**PLUPERFECT**
je mordis	j'ai mordu	j'avais mordu
tu mordis	tu as mordu	tu avais mordu
il mordit	il a mordu	il avait mordu
nous mordîmes	nous avons mordu	nous avions mordu
vous mordîtes	vous avez mordu	vous aviez mordu
ils mordirent	ils ont mordu	ils avaient mordu

PAST ANTERIOR	**FUTURE PERFECT**
j'eus mordu etc	j'aurai mordu etc

IMPERATIVE	*CONDITIONAL*	
	PRESENT	**PAST**
mords	je mordrais	j'aurais mordu
mordons	tu mordrais	tu aurais mordu
mordez	il mordrait	il aurait mordu
	nous mordrions	nous aurions mordu
	vous mordriez	vous auriez mordu
	ils mordraient	ils auraient mordu

SUBJUNCTIVE		
PRESENT	**IMPERFECT**	**PERFECT**
je morde	je mordisse	j'aie mordu
tu mordes	tu mordisses	tu aies mordu
il morde	il mordît	il ait mordu
nous mordions	nous mordissions	nous ayons mordu
vous mordiez	vous mordissiez	vous ayez mordu
ils mordent	ils mordissent	ils aient mordu

INFINITIVE	*PARTICIPLE*
PRESENT	**PRESENT**
mordre	mordant
PAST	**PAST**
avoir mordu	mordu

to grind

PRESENT	IMPERFECT	FUTURE
je mouds	je moulais	je moudrai
tu mouds	tu moulais	tu moudras
il moud	il moulait	il moudra
nous moulons	nous moulions	nous moudrons
vous moulez	vous mouliez	vous moudrez
ils moulent	ils moulaient	ils moudront

PAST HISTORIC	PERFECT	PLUPERFECT
je moulus	j'ai moulu	j'avais moulu
tu moulus	tu as moulu	tu avais moulu
il moulut	il a moulu	il avait moulu
nous moulûmes	nous avons moulu	nous avions moulu
vous moulûtes	vous avez moulu	vous aviez moulu
ils moulurent	ils ont moulu	ils avaient moulu

PAST ANTERIOR	FUTURE PERFECT
j'eus moulu etc	j'aurai moulu etc

IMPERATIVE	CONDITIONAL	
	PRESENT	PAST
mouds	je moudrais	j'aurais moulu
moulons	tu moudrais	tu aurais moulu
moulez	il moudrait	il aurait moulu
	nous moudrions	nous aurions moulu
	vous moudriez	vous auriez moulu
	ils moudraient	ils auraient moulu

SUBJUNCTIVE

PRESENT	IMPERFECT	PERFECT
je moule	je moulusse	j'aie moulu
tu moules	tu moulusses	tu aies moulu
il moule	il moulût	il ait moulu
nous moulions	nous moulussions	nous ayons moulu
vous mouliez	vous moulussiez	vous ayez moulu
ils moulent	ils moulussent	ils aient moulu

INFINITIVE	PARTICIPLE
PRESENT	PRESENT
moudre	moulant
PAST	PAST
avoir moulu	moulu

MOURIR
to die

PRESENT	IMPERFECT	FUTURE
je meurs	je mourais	je mourrai
tu meurs	tu mourais	tu mourras
il meurt	il mourait	il mourra
nous mourons	nous mourions	nous mourrons
vous mourez	vous mouriez	vous mourrez
ils meurent	ils mouraient	ils mourront

PAST HISTORIC	PERFECT	PLUPERFECT
je mourus	je suis mort	j'étais mort
tu mourus	tu es mort	tu étais mort
il mourut	il est mort	il était mort
nous mourûmes	nous sommes morts	nous étions morts
vous mourûtes	vous êtes mort(s)	vous étiez mort(s)
ils moururent	ils sont morts	ils étaient morts

PAST ANTERIOR	FUTURE PERFECT
je fus mort etc	je serai mort etc

IMPERATIVE	*CONDITIONAL*	
	PRESENT	PAST
meurs	je mourrais	je serais mort
mourons	tu mourrais	tu serais mort
mourez	il mourrait	il serait mort
	nous mourrions	nous serions morts
	vous mourriez	vous seriez mort(s)
	ils mourraient	ils seraient morts

SUBJUNCTIVE		
PRESENT	IMPERFECT	PERFECT
je meure	je mourusse	je sois mort
tu meures	tu mourusses	tu sois mort
il meure	il mourût	il soit mort
nous mourions	nous mourussions	nous soyons morts
vous mouriez	vous mourussiez	vous soyez mort(s)
ils meurent	ils mourussent	ils soient morts

INFINITIVE	*PARTICIPLE*
PRESENT	PRESENT
mourir	mourant
PAST	PAST
être mort	mort

MOUVOIR
to move

PRESENT	**IMPERFECT**	**FUTURE**
je meus	je mouvais	je mouvrai
tu meus	tu mouvais	tu mouvras
il meut	il mouvait	il mouvra
nous mouvons	nous mouvions	nous mouvrons
vous mouvez	vous mouviez	vous mouvrez
ils meuvent	ils mouvaient	ils mouvront

PAST HISTORIC	**PERFECT**	**PLUPERFECT**
je mus	j'ai mû	j'avais mû
tu mus	tu as mû	tu avais mû
il mut	il a mû	il avait mû
nous mûmes	nous avons mû	nous avions mû
vous mûtes	vous avez mû	vous aviez mû
ils murent	ils ont mû	ils avaient mû

PAST ANTERIOR	**FUTURE PERFECT**
j'eus mû etc	j'aurai mû etc

IMPERATIVE	**CONDITIONAL**	
	PRESENT	**PAST**
meus	je mouvrais	j'aurais mû
mouvons	tu mouvrais	tu aurais mû
mouvez	il mouvrait	il aurait mû
	nous mouvrions	nous aurions mû
	vous mouvriez	vous auriez mû
	ils mouvraient	ils auraient mû

SUBJUNCTIVE

PRESENT	**IMPERFECT**	**PERFECT**
je meuve	je musse	j'aie mû
tu meuves	tu musses	tu aies mû
il meuve	il mût	il ait mû
nous mouvions	nous mussions	nous ayons mû
vous mouviez	vous mussiez	vous ayez mû
ils meuvent	ils mussent	ils aient mû

INFINITIVE	**PARTICIPLE**
PRESENT	**PRESENT**
mouvoir	mouvant
PAST	**PAST**
avoir mû	mû (mue, mus)

NAITRE
to be born

PRESENT	IMPERFECT	FUTURE
je nais	je naissais	je naîtrai
tu nais	tu naissais	tu naîtras
il naît	il naissait	il naîtra
nous naissons	nous naissions	nous naîtrons
vous naissez	vous naissiez	vous naîtrez
ils naissent	ils naissaient	ils naîtront

PAST HISTORIC	PERFECT	PLUPERFECT
je naquis	je suis né	j'étais né
tu naquis	tu es né	tu étais né
il naquit	il est né	il était né
nous naquîmes	nous sommes nés	nous étions nés
vous naquîtes	vous êtes né(s)	vous étiez né(s)
ils naquirent	ils sont nés	ils étaient nés

PAST ANTERIOR	FUTURE PERFECT
je fus né etc	je serai né etc

IMPERATIVE	CONDITIONAL	
	PRESENT	PAST
nais	je naîtrais	je serais né
naissons	tu naîtrais	tu serais né
naissez	il naîtrait	il serait né
	nous naîtrions	nous serions nés
	vous naîtriez	vous seriez né(s)
	ils naîtraient	ils seraient nés

SUBJUNCTIVE

PRESENT	IMPERFECT	PERFECT
je naisse	je naquisse	je sois né
tu naisses	tu naquisses	tu sois né
il naisse	il naquît	il soit né
nous naissions	nous naquissions	nous soyons nés
vous naissiez	vous naquissiez	vous soyez né(s)
ils naissent	ils naquissent	ils soient nés

INFINITIVE	PARTICIPLE
PRESENT	PRESENT
naître	naissant
PAST	PAST.
être né	né

PRESENT

je nargue
tu nargues
il nargue
nous narguons
vous narguez
ils narguent

IMPERFECT

je narguais
tu narguais
il narguait
nous narguions
vous narguiez
ils narguaient

FUTURE

je narguerai
tu nargueras
il narguera
nous narguerons
vous narguerez
ils nargueront

PAST HISTORIC

je narguai
tu narguas
il nargua
nous narguâmes
vous narguâtes
ils narguèrent

PERFECT

j'ai nargué
tu as nargué
il a nargué
nous avons nargué
vous avez nargué
ils ont nargué

PLUPERFECT

j'avais nargué
tu avais nargué
il avait nargué
nous avions nargué
vous aviez nargué
ils avaient nargué

PAST ANTERIOR

j'eus nargué etc

FUTURE PERFECT

j'aurai nargué etc

IMPERATIVE

nargue
narguons
narguez

CONDITIONAL

PRESENT

je narguerais
tu narguerais
il narguerait
nous narguerions
vous nargueriez
ils nargueraient

PAST

j'aurais nargué
tu aurais nargué
il aurait nargué
nous aurions nargué
vous auriez nargué
ils auraient nargué

SUBJUNCTIVE

PRESENT

je nargue
tu nargues
il nargue
nous narguions
vous narguiez
ils narguent

IMPERFECT

je narguasse
tu narguasses
il narguât
nous narguassions
vous narguassiez
ils narguassent

PERFECT

j'aie nargué
tu aies nargué
il ait nargué
nous ayons nargué
vous ayez nargué
ils aient nargué

INFINITIVE

PRESENT

narguer

PAST

avoir nargué

PARTICIPLE

PRESENT

narguant

PAST

nargué

129 NETTOYER
to clean

PRESENT
je nettoie
tu nettoies
il nettoie
nous nettoyons
vous nettoyez
ils nettoient

IMPERFECT
je nettoyais
tu nettoyais
il nettoyait
nous nettoyions
vous nettoyiez
ils nettoyaient

FUTURE
je nettoierai
tu nettoieras
il nettoiera
nous nettoierons
vous nettoierez
ils nettoieront

PAST HISTORIC
je nettoyai
tu nettoyas
il nettoya
nous nettoyâmes
vous nettoyâtes
ils nettoyèrent

PERFECT
j'ai nettoyé
tu as nettoyé
il a nettoyé
nous avons nettoyé
vous avez nettoyé
ils ont nettoyé

PLUPERFECT
j'avais nettoyé
tu avais nettoyé
il avait nettoyé
nous avions nettoyé
vous aviez nettoyé
ils avaient nettoyé

PAST ANTERIOR
j'eus nettoyé etc

FUTURE PERFECT
j'aurai nettoyé etc

IMPERATIVE

nettoie
nettoyons
nettoyez

CONDITIONAL
PRESENT
je nettoierais
tu nettoierais
il nettoierait
nous nettoierions
vous nettoieriez
ils nettoieraient

PAST
j'aurais nettoyé
tu aurais nettoyé
il aurait nettoyé
nous aurions nettoyé
vous auriez nettoyé
ils auraient nettoyé

SUBJUNCTIVE
PRESENT
je nettoie
tu nettoies
il nettoie
nous nettoyions
vous nettoyiez
ils nettoient

IMPERFECT
je nettoyasse
tu nettoyasses
il nettoyât
nous nettoyassions
vous nettoyassiez
ils nettoyassent

PERFECT
j'aie nettoyé
tu aies nettoyé
il ait nettoyé
nous ayons nettoyé
vous ayez nettoyé
ils aient nettoyé

INFINITIVE
PRESENT
nettoyer
PAST
avoir nettoyé

PARTICIPLE
PRESENT
nettoyant
PAST
nettoyé

NUIRE
to harm

PRESENT

je nuis
tu nuis
il nuit
nous nuisons
vous nuisez
ils nuisent

IMPERFECT

je nuisais
tu nuisais
il nuisait
nous nuisions
vous nuisiez
ils nuisaient

FUTURE

je nuirai
tu nuiras
il nuira
nous nuirons
vous nuirez
ils nuiront

PAST HISTORIC

je nuisis
tu nuisis
il nuisit
nous nuisîmes
vous nuisîtes
ils nuisirent

PERFECT

j'ai nui
tu as nui
il a nui
nous avons nui
vous avez nui
ils ont nui

PLUPERFECT

j'avais nui
tu avais nui
il avait nui
nous avions nui
vous aviez nui
ils avaient nui

PAST ANTERIOR

j'eus nui etc

FUTURE PERFECT

j'aurai nui etc

IMPERATIVE

nuis
nuisons
nuisez

CONDITIONAL

PRESENT

je nuirais
tu nuirais
il nuirait
nous nuirions
vous nuiriez
ils nuiraient

PAST

j'aurais nui
tu aurais nui
il aurait nui
nous aurions nui
vous auriez nui
ils auraient nui

SUBJUNCTIVE

PRESENT

je nuise
tu nuises
il nuise
nous nuisions
vous nuisiez
ils nuisent

IMPERFECT

je nuisisse
tu nuisisses
il nuisît
nous nuisissions
vous nuisissiez
ils nuisissent

PERFECT

j'aie nui
tu aies nui
il ait nui
nous ayons nui
vous ayez nui
ils aient nui

INFINITIVE

PRESENT

nuire

PAST

avoir nui

PARTICIPLE

PRESENT

nuisant

PAST

nui

OBEIR
to obey

PRESENT	IMPERFECT	FUTURE
j'obéis	j'obéissais	j'obéirai
tu obéis	tu obéissais	tu obéiras
il obéit	il obéissait	il obéira
nous obéissons	nous obéissions	nous obéirons
vous obéissez	vous obéissiez	vous obéirez
ils obéissent	ils obéissaient	ils obéiront

PAST HISTORIC	PERFECT	PLUPERFECT
j'obéis	j'ai obéi	j'avais obéi
tu obéis	tu as obéi	tu avais obéi
il obéit	il a obéi	il avait obéi
nous obéîmes	nous avons obéi	nous avions obéi
vous obéîtes	vous avez obéi	vous aviez obéi
ils obéirent	ils ont obéi	ils avaient obéi

PAST ANTERIOR	FUTURE PERFECT
j'eus obéi etc	j'aurai obéi etc

IMPERATIVE	CONDITIONAL	
	PRESENT	PAST
obéis	j'obéirais	j'aurais obéi
obéissons	tu obéirais	tu aurais obéi
obéissez	il obéirait	il aurait obéi
	nous obéirions	nous aurions obéi
	vous obéiriez	vous auriez obéi
	ils obéiraient	ils auraient obéi

SUBJUNCTIVE

PRESENT	IMPERFECT	PERFECT
j'obéisse	j'obéisse	j'aie obéi
tu obéisses	tu obéisses	tu aies obéi
il obéisse	il obéît	il ait obéi
nous obéissions	nous obéissions	nous ayons obéi
vous obéissiez	vous obéissiez	vous ayez obéi
ils obéissent	ils obéissent	ils aient obéi

INFINITIVE	PARTICIPLE
PRESENT	PRESENT
obéir	obéissant
PAST	PAST
avoir obéi	obéi

OBTENIR
to get

132

PRESENT	IMPERFECT	FUTURE
j'obtiens	j'obtenais	j'obtiendrai
tu obtiens	tu obtenais	tu obtiendras
il obtient	il obtenait	il obtiendra
nous obtenons	nous obtenions	nous obtiendrons
vous obtenez	vous obteniez	vous obtiendrez
ils obtiennent	ils obtenaient	ils obtiendront

PAST HISTORIC	PERFECT	PLUPERFECT
j'obtins	j'ai obtenu	j'avais obtenu
tu obtins	tu as obtenu	tu avais obtenu
il obtint	il a obtenu	il avait obtenu
nous obtînmes	nous avons obtenu	nous avions obtenu
vous obtîntes	vous avez obtenu	vous aviez obtenu
ils obtinrent	ils ont obtenu	ils avaient obtenu

PAST ANTERIOR	FUTURE PERFECT
j'eus obtenu etc	j'aurai obtenu etc

IMPERATIVE

CONDITIONAL

	PRESENT	PAST
obtiens	j'obtiendrais	j'aurais obtenu
obtenons	tu obtiendrais	tu aurais obtenu
obtenez	il obtiendrait	il aurait obtenu
	nous obtiendrions	nous aurions obtenu
	vous obtiendriez	vous auriez obtenu
	ils obtiendraient	ils auraient obtenu

SUBJUNCTIVE

PRESENT	IMPERFECT	PERFECT
j'obtienne	j'obtinsse	j'aie obtenu
tu obtiennes	tu obtinsses	tu aies obtenu
il obtienne	il obtînt	il ait obtenu
nous obtenions	nous obtinssions	nous ayons obtenu
vous obteniez	vous obtinssiez	vous ayez obtenu
ils obtiennent	ils obtinssent	ils aient obtenu

INFINITIVE

PARTICIPLE

PRESENT	PRESENT
obtenir	obtenant
PAST	**PAST**
avoir obtenu	obtenu

PRESENT	**IMPERFECT**	**FUTURE**
j'offre	j'offrais	j'offrirai
tu offres	tu offrais	tu offriras
il offre	il offrait	il offrira
nous offrons	nous offrions	nous offrirons
vous offrez	vous offriez	vous offrirez
ils offrent	ils offraient	ils offriront

PAST HISTORIC	**PERFECT**	**PLUPERFECT**
j'offris	j'ai offert	j'avais offert
tu offris	tu as offert	tu avais offert
il offrit	il a offert	il avait offert
nous offrîmes	nous avons offert	nous avions offert
vous offrîtes	vous avez offert	vous aviez offert
ils offrirent	ils ont offert	ils avaient offert

PAST ANTERIOR	**FUTURE PERFECT**
j'eus offert etc	j'aurai offert etc

IMPERATIVE	*CONDITIONAL*	
	PRESENT	**PAST**
offre	j'offrirais	j'aurais offert
offrons	tu offrirais	tu aurais offert
offrez	il offrirait	il aurait offert
	nous offririons	nous aurions offert
	vous offririez	vous auriez offert
	ils offriraient	ils auraient offert

SUBJUNCTIVE		
PRESENT	**IMPERFECT**	**PERFECT**
j'offre	j'offrisse	j'aie offert
tu offres	tu offrisses	tu aies offert
il offre	il offrît	il ait offert
nous offrions	nous offrissions	nous ayons offert
vous offriez	vous offrissiez	vous ayez offert
ils offrent	ils offrissent	ils aient offert

INFINITIVE	*PARTICIPLE*
PRESENT	**PRESENT**
offrir	offrant
PAST	**PAST**
avoir offert	offert

OUVRIR
to open

PRESENT	**IMPERFECT**	**FUTURE**
j'ouvre	j'ouvrais	j'ouvrirai
tu ouvres	tu ouvrais	tu ouvriras
il ouvre	il ouvrait	il ouvrira
nous ouvrons	nous ouvrions	nous ouvrirons
vous ouvrez	vous ouvriez	vous ouvrirez
ils ouvrent	ils ouvraient	ils ouvriront

PAST HISTORIC	**PERFECT**	**PLUPERFECT**
j'ouvris	j'ai ouvert	j'avais ouvert
tu ouvris	tu as ouvert	tu avais ouvert
il ouvrit	il a ouvert	il avait ouvert
nous ouvrîmes	nous avons ouvert	nous avions ouvert
vous ouvrîtes	vous avez ouvert	vous aviez ouvert
ils ouvrirent	ils ont ouvert	ils avaient ouvert

PAST ANTERIOR	**FUTURE PERFECT**
j'eus ouvert etc	j'aurai ouvert etc

IMPERATIVE	*CONDITIONAL*	
	PRESENT	**PAST**
ouvre	j'ouvrirais	j'aurais ouvert
ouvrons	tu ouvrirais	tu aurais ouvert
ouvrez	il ouvrirait	il aurait ouvert
	nous ouvririons	nous aurions ouvert
	vous ouvririez	vous auriez ouvert
	ils ouvriraient	ils auraient ouvert

SUBJUNCTIVE

PRESENT	**IMPERFECT**	**PERFECT**
j'ouvre	j'ouvrisse	j'aie ouvert
tu ouvres	tu ouvrisses	tu aies ouvert
il ouvre	il ouvrît	il ait ouvert
nous ouvrions	nous ouvrissions	nous ayons ouvert
vous ouvriez	vous ouvrissiez	vous ayez ouvert
ils ouvrent	ils ouvrissent	ils aient ouvert

INFINITIVE	*PARTICIPLE*
PRESENT	**PRESENT**
ouvrir	ouvrant
PAST	**PAST**
avoir ouvert	ouvert

135 PAITRE
to graze

PRESENT	IMPERFECT	FUTURE
je pais	je paissais	je paîtrai
tu pais	tu paissais	tu paîtras
il paît	il paissait	il paîtra
nous paissons	nous paissions	nous paîtrons
vous paissez	vous paissiez	vous paîtrez
ils paissent	ils paissaient	ils paîtront

PAST HISTORIC	PERFECT	PLUPERFECT

PAST ANTERIOR	FUTURE PERFECT

IMPERATIVE	CONDITIONAL	
	PRESENT	PAST
pais	je paîtrais	
paissons	tu paîtrais	
paissez	il paîtrait	
	nous paîtrions	
	vous paîtriez	
	ils paîtraient	

SUBJUNCTIVE

PRESENT	IMPERFECT	PERFECT
je paisse		
tu paisses		
il paisse		
nous paissions		
vous paissiez		
ils paissent		

INFINITIVE	PARTICIPLE
PRESENT	PRESENT
paître	paissant
PAST	PAST
	pu

PRESENT	**IMPERFECT**	**FUTURE**
je parais	je paraissais	je paraîtrai
tu parais	tu paraissais	tu paraîtras
il paraît	il paraissait	il paraîtra
nous paraissons	nous paraissions	nous paraîtrons
vous paraissez	vous paraissiez	vous paraîtrez
ils paraissent	ils paraissaient	ils paraîtront

PAST HISTORIC	**PERFECT**	**PLUPERFECT**
je parus	j'ai paru	j'avais paru
tu parus	tu as paru	tu avais paru
il parut	il a paru	il avait paru
nous parûmes	nous avons paru	nous avions paru
vous parûtes	vous avez paru	vous aviez paru
ils parurent	ils ont paru	ils avaient paru

PAST ANTERIOR	**FUTURE PERFECT**
j'eus paru etc	j'aurai paru etc

IMPERATIVE	*CONDITIONAL*	
	PRESENT	**PAST**
parais	je paraîtrais	j'aurais paru
paraissons	tu paraîtrais	tu aurais paru
paraissez	il paraîtrait	il aurait paru
	nous paraîtrions	nous aurions paru
	vous paraîtriez	vous auriez paru
	ils paraîtraient	ils auraient paru

SUBJUNCTIVE		
PRESENT	**IMPERFECT**	**PERFECT**
je paraisse	je parusse	j'aie paru
tu paraisses	tu parusses	tu aies paru
il paraisse	il parût	il ait paru
nous paraissions	nous parussions	nous ayons paru
vous paraissiez	vous parussiez	vous ayez paru
ils paraissent	ils parussent	ils aient paru

INFINITIVE	*PARTICIPLE*	*NOTE*
PRESENT	**PRESENT**	*takes auxiliary être when it means 'to be published'*
paraître	paraissant	apparaître: *can also take auxiliary* être
PAST	**PAST**	
avoir paru	paru	

137   PARTIR
to go away

PRESENT	IMPERFECT	FUTURE
je pars	je partais	je partirai
tu pars	tu partais	tu partiras
il part	il partait	il partira
nous partons	nous partions	nous partirons
vous partez	vous partiez	vous partirez
ils partent	ils partaient	ils partiront

PAST HISTORIC	PERFECT	PLUPERFECT
je partis	je suis parti	j'étais parti
tu partis	tu es parti	tu étais parti
il partit	il est parti	il était parti
nous partîmes	nous sommes partis	nous étions partis
vous partîtes	vous êtes parti(s)	vous étiez parti(s)
ils partirent	ils sont partis	ils étaient partis

PAST ANTERIOR	FUTURE PERFECT
je fus parti etc	je serai parti etc

IMPERATIVE	CONDITIONAL	
	PRESENT	PAST
pars	je partirais	je serais parti
partons	tu partirais	tu serais parti
partez	il partirait	il serait parti
	nous partirions	nous serions partis
	vous partiriez	vous seriez parti(s)
	ils partiraient	ils seraient partis

SUBJUNCTIVE

PRESENT	IMPERFECT	PERFECT
je parte	je partisse	je sois parti
tu partes	tu partisses	tu sois parti
il parte	il partît	il soit parti
nous partions	nous partissions	nous soyons partis
vous partiez	vous partissiez	vous soyez parti(s)
ils partent	ils partissent	ils soient partis

INFINITIVE	PARTICIPLE	NOTE
PRESENT	PRESENT	repartir: *takes auxiliary*
partir	partant	*avoir when it means 'to*
PAST	PAST	*reply'*
être parti	parti	

PRESENT	IMPERFECT	FUTURE
je parviens	je parvenais	je parviendrai
tu parviens78	tu parvenais	tu parviendras
il parvient	il parvenait	il parviendra
nous parvenons	nous parvenions	nous parviendrons
vous parvenez	vous parveniez	vous parviendrez
ils parviennent	ils parvenaient	ils parviendront

PAST HISTORIC	PERFECT	PLUPERFECT
je parvins	je suis parvenu	j'étais parvenu
tu parvins	tu es parvenu	tu étais parvenu
il parvint	il est parvenu	il était parvenu
nous parvînmes	nous sommes parvenus	nous étions parvenus
vous parvîntes	vous êtes parvenu(s)	vous étiez parvenu(s)
ils parvinrent	ils sont parvenus	ils étaient parvenus

PAST ANTERIOR	FUTURE PERFECT
je fus parvenu etc	je serai parvenu etc

IMPERATIVE	CONDITIONAL	
	PRESENT	PAST
parviens	je parviendrais	je serais parvenu
parvenons	tu parviendrais	tu serais parvenu
parvenez	il parviendrait	il serait parvenu
	nous parviendrions	nous serions parvenus
	vous parviendriez	vous seriez parvenu(s)
	ils parviendraient	ils seraient parvenus

SUBJUNCTIVE

PRESENT	IMPERFECT	PERFECT
je parvienne	je parvinsse	je sois parvenu
tu parviennes	tu parvinsses	tu sois parvenu
il parvienne	il parvînt	il soit parvenu
nous parvenions	nous parvinssions	nous soyons parvenus
vous parveniez	vous parvinssiez	vous soyez parvenu(s)
ils parviennent	ils parvinssent	ils soient parvenus

INFINITIVE	PARTICIPLE
PRESENT	PRESENT
parvenir	parvenant
PAST	PAST
être parvenu	parvenu

PASSER
to pass

PRESENT	IMPERFECT	FUTURE
je passe	je passais	je passerai
tu passes	tu passais	tu passeras
il passe	il passait	il passera
nous passons	nous passions	nous passerons
vous passez	vous passiez	vous passerez
ils passent	ils passaient	ils passeront

PAST HISTORIC	PERFECT	PLUPERFECT
je passai	j'ai passé	j'avais passé
tu passas	tu as passé	tu avais passé
il passa	il a passé	il avait passé
nous passâmes	nous avons passé	nous avions passé
vous passâtes	vous avez passé	vous aviez passé
ils passèrent	ils ont passé	ils avaient passé

PAST ANTERIOR	FUTURE PERFECT
j'eus passé etc	j'aurai passé etc

IMPERATIVE	CONDITIONAL	
	PRESENT	PAST
passe	je passerais	j'aurais passé
passons	tu passerais	tu aurais passé
passez	il passerait	il aurait passé
	nous passerions	nous aurions passé
	vous passeriez	vous auriez passé
	ils passeraient	ils auraient passé

SUBJUNCTIVE

PRESENT	IMPERFECT	PERFECT
je passe	je passasse	j'aie passé
tu passes	tu passasses	tu aies passé
il passe	il passât	il ait passé
nous passions	nous passassions	nous ayons passé
vous passiez	vous passassiez	vous ayez passé
ils passent	ils passassent	ils aient passé

INFINITIVE	PARTICIPLE	NOTE
PRESENT	PRESENT	*can take auxiliary* être *when it means 'to go/come past'*
passer	passant	
PAST	PAST	repasser: *can take auxiliary* être *when it means 'to go/come past again'*
avoir passé	passé	

PAYER
to pay

PRESENT	**IMPERFECT**	**FUTURE**
je paye	je payais	je payerai
tu payes	tu payais	tu payeras
il paye	il payait	il payera
nous payons	nous payions	nous payerons
vous payez	vous payiez	vous payerez
ils payent	ils payaient	ils payeront

PAST HISTORIC	**PERFECT**	**PLUPERFECT**
je payai	j'ai payé	j'avais payé
tu payas	tu as payé	tu avais payé
il paya	il a payé	il avait payé
nous payâmes	nous avons payé	nous avions payé
vous payâtes	vous avez payé	vous aviez payé
ils payèrent	ils ont payé	ils avaient payé

PAST ANTERIOR	**FUTURE PERFECT**
j'eus payé etc	j'aurai payé etc

IMPERATIVE	*CONDITIONAL*	
	PRESENT	**PAST**
paye	je payerais	j'aurais payé
payons	tu payerais	tu aurais payé
payez	il payerait	il aurait payé
	nous payerions	nous aurions payé
	vous payeriez	vous auriez payé
	ils payeraient	ils auraient payé

SUBJUNCTIVE		
PRESENT	**IMPERFECT**	**PERFECT**
je paye	je payasse	j'aie payé
tu payes	tu payasses	tu aies payé
il paye	il payât	il ait payé
nous payions	nous payassions	nous ayons payé
vous payiez	vous payassiez	vous ayez payé
ils payent	ils payassent	ils aient payé

INFINITIVE	*PARTICIPLE*
PRESENT	**PRESENT**
payer	payant
PAST	**PAST**
avoir payé	payé

PEINDRE
to paint

PRESENT	IMPERFECT	FUTURE
je peins	je peignais	je peindrai
tu peins	tu peignais	tu peindras
il peint	il peignait	il peindra
nous peignons	nous peignions	nous peindrons
vous peignez	vous peigniez	vous peindrez
ils peignent	ils peignaient	ils peindront

PAST HISTORIC	PERFECT	PLUPERFECT
je peignis	j'ai peint	j'avais peint
tu peignis	tu as peint	tu avais peint
il peignit	il a peint	il avait peint
nous peignîmes	nous avons peint	nous avions peint
vous peignîtes	vous avez peint	vous aviez peint
ils peignirent	ils ont peint	ils avaient peint

PAST ANTERIOR	FUTURE PERFECT
j'eus peint etc	j'aurai peint etc

IMPERATIVE	CONDITIONAL	
	PRESENT	PAST
peins	je peindrais	j'aurais peint
peignons	tu peindrais	tu aurais peint
peignez	il peindrait	il aurait peint
	nous peindrions	nous aurions peint
	vous peindriez	vous auriez peint
	ils peindraient	ils auraient peint

SUBJUNCTIVE		
PRESENT	IMPERFECT	PERFECT
je peigne	je peignisse	j'aie peint
tu peignes	tu peignisses	tu aies peint
il peigne	il peignît	il ait peint
nous peignions	nous peignissions	nous ayons peint
vous peigniez	vous peignissiez	vous ayez peint
ils peignent	ils peignissent	ils aient peint

INFINITIVE	PARTICIPLE
PRESENT	PRESENT
peindre	peignant
PAST	PAST
avoir peint	peint

PELER
to peel

PRESENT	IMPERFECT	FUTURE
je pèle	je pelais	je pèlerai
tu pèles	tu pelais	tu pèleras
il pèle	il pelait	il pèlera
nous pelons	nous pelions	nous pèlerons
vous pelez	vous peliez	vous pèlerez
ils pèlent	ils pelaient	ils pèleront

PAST HISTORIC	PERFECT	PLUPERFECT
je pelai	j'ai pelé	j'avais pelé
tu pelas	tu as pelé	tu avais pelé
il pela	il a pelé	il avait pelé
nous pelâmes	nous avons pelé	nous avions pelé
vous pelâtes	vous avez pelé	vous aviez pelé
ils pelèrent	ils ont pelé	ils avaient pelé

PAST ANTERIOR	FUTURE PERFECT
j'eus pelé etc	j'aurai pelé etc

IMPERATIVE	CONDITIONAL	
	PRESENT	PAST
pèle	je pèlerais	j'aurais pelé
pelons	tu pèlerais	tu aurais pelé
pelez	il pèlerait	il aurait pelé
	nous pèlerions	nous aurions pelé
	vous pèleriez	vous auriez pelé
	ils pèleraient	ils auraient pelé

SUBJUNCTIVE

PRESENT	IMPERFECT	PERFECT
je pèle	je pelasse	j'aie pelé
tu pèles	tu pelasses	tu aies pelé
il pèle	il pelât	il ait pelé
nous pelions	nous pelassions	nous ayons pelé
vous peliez	vous pelassiez	vous ayez pelé
ils pèlent	ils pelassent	ils aient pelé

INFINITIVE	PARTICIPLE
PRESENT	PRESENT
peler	pelant
PAST	PAST
avoir pelé	pelé

PENETRER
to enter

PRESENT	IMPERFECT	FUTURE
je pénètre	je pénétrais	je pénétrerai
tu pénètres	tu pénétrais	tu pénétreras
il pénètre	il pénétrait	il pénétrera
nous pénétrons	nous pénétrions	nous pénétrerons
vous pénétrez	vous pénétriez	vous pénétrerez
ils pénètrent	ils pénétraient	ils pénétreront

PAST HISTORIC	PERFECT	PLUPERFECT
je pénétrai	j'ai pénétré	j'avais pénétré
tu pénétras	tu as pénétré	tu avais pénétré
il pénétra	il a pénétré	il avait pénétré
nous pénétrâmes	nous avons pénétré	nous avions pénétré
vous pénétrâtes	vous avez pénétré	vous aviez pénétré
ils pénétrèrent	ils ont pénétré	ils avaient pénétré

PAST ANTERIOR	FUTURE PERFECT
j'eus pénétré etc	j'aurai pénétré etc

IMPERATIVE	CONDITIONAL	
	PRESENT	PAST
pénètre	je pénétrerais	j'aurais pénétré
pénétrons	tu pénétrerais	tu aurais pénétré
pénétrez	il pénétrerait	il aurait pénétré
	nous pénétrerions	nous aurions pénétré
	vous pénétreriez	vous auriez pénétré
	ils pénétreraient	ils auraient pénétré

SUBJUNCTIVE

PRESENT	IMPERFECT	PERFECT
je pénètre	je pénétrasse	j'aie pénétré
tu pénètres	tu pénétrasses	tu aies pénétré
il pénètre	il pénétrât	il ait pénétré
nous pénétrions	nous pénétrassions	nous ayons pénétré
vous pénétriez	vous pénétrassiez	vous ayez pénétré
ils pénètrent	ils pénétrassent	ils aient pénétré

INFINITIVE	PARTICIPLE
PRESENT	PRESENT
pénétrer	pénétrant
PAST	PAST
avoir pénétré	pénétré

PERDRE
to lose

PRESENT

je perds
tu perds
il perd
nous perdons
vous perdez
ils perdent

IMPERFECT

je perdais
tu perdais
il perdait
nous perdions
vous perdiez
ils perdaient

FUTURE

je perdrai
tu perdras
il perdra
nous perdrons
vous perdrez
ils perdront

PAST HISTORIC

je perdis
tu perdis
il perdit
nous perdîmes
vous perdîtes
ils perdirent

PERFECT

j'ai perdu
tu as perdu
il a perdu
nous avons perdu
vous avez perdu
ils ont perdu

PLUPERFECT

j'avais perdu
tu avais perdu
il avait perdu
nous avions perdu
vous aviez perdu
ils avaient perdu

PAST ANTERIOR

j'eus perdu etc

FUTURE PERFECT

j'aurai perdu etc

IMPERATIVE

perds
perdons
perdez

CONDITIONAL

PRESENT

je perdrais
tu perdrais
il perdrait
nous perdrions
vous perdriez
ils perdraient

PAST

j'aurais perdu
tu aurais perdu
il aurait perdu
nous aurions perdu
vous auriez perdu
ils auraient perdu

SUBJUNCTIVE

PRESENT

je perde
tu perdes
il perde
nous perdions
vous perdiez
ils perdent

IMPERFECT

je perdisse
tu perdisses
il perdît
nous perdissions
vous perdissiez
ils perdissent

PERFECT

j'aie perdu
tu aies perdu
il ait perdu
nous ayons perdu
vous ayez perdu
ils aient perdu

INFINITIVE

PRESENT

perdre

PAST

avoir perdu

PARTICIPLE

PRESENT

perdant

PAST

perdu

PERMETTRE
to allow

PRESENT	IMPERFECT	FUTURE
je permets	je permettais	je permettrai
tu permets	tu permettais	tu permettras
il permet	il permettait	il permettra
nous permettons	nous permettions	nous permettrons
vous permettez	vous permettiez	vous permettrez
ils permettent	ils permettaient	ils permettront

PAST HISTORIC	PERFECT	PLUPERFECT
je permis	j'ai permis	j'avais permis
tu permis	tu as permis	tu avais permis
il permit	il a permis	il avait permis
nous permîmes	nous avons permis	nous avions permis
vous permîtes	vous avez permis	vous aviez permis
ils permirent	ils ont permis	ils avaient permis

PAST ANTERIOR	FUTURE PERFECT
j'eus permis etc	j'aurai permis etc

IMPERATIVE	CONDITIONAL	
	PRESENT	PAST
permets	je permettrais	j'aurais permis
permettons	tu permettrais	tu aurais permis
permettez	il permettrait	il aurait permis
	nous permettrions	nous aurions permis
	vous permettriez	vous auriez permis
	ils permettraient	ils auraient permis

SUBJUNCTIVE

PRESENT	IMPERFECT	PERFECT
je permette	je permisse	j'aie permis
tu permettes	tu permisses	tu aies permis
il permette	il permît	il ait permis
nous permettions	nous permissions	nous ayons permis
vous permettiez	vous permissiez	vous ayez permis
ils permettent	ils permissent	ils aient permis

INFINITIVE	PARTICIPLE
PRESENT	PRESENT
permettre	permettant
PAST	PAST
avoir permis	permis

PESER
to weigh

PRESENT	IMPERFECT	FUTURE
je pèse	je pesais	je pèserai
tu pèses	tu pesais	tu pèseras
il pèse	il pesait	il pèsera
nous pesons	nous pesions	nous pèserons
vous pesez	vous pesiez	vous pèserez
ils pèsent	ils pesaient	ils pèseront

PAST HISTORIC	PERFECT	PLUPERFECT
je pesai	j'ai pesé	j'avais pesé
tu pesas	tu as pesé	tu avais pesé
il pesa	il a pesé	il avait pesé
nous pesâmes	nous avons pesé	nous avions pesé
vous pesâtes	vous avez pesé	vous aviez pesé
ils pesèrent	ils ont pesé	ils avaient pesé

PAST ANTERIOR	FUTURE PERFECT
j'eus pesé etc	j'aurai pesé etc

IMPERATIVE	*CONDITIONAL*	
	PRESENT	**PAST**
pèse	je pèserais	j'aurais pesé
pesons	tu pèserais	tu aurais pesé
pesez	il pèserait	il aurait pesé
	nous pèserions	nous aurions pesé
	vous pèseriez	vous auriez pesé
	ils pèseraient	ils auraient pesé

SUBJUNCTIVE		
PRESENT	**IMPERFECT**	**PERFECT**
je pèse	je pesasse	j'aie pesé
tu pèses	tu pesasses	tu aies pesé
il pèse	il pesât	il ait pesé
nous pesions	nous pesassions	nous ayons pesé
vous pesiez	vous pesassiez	vous ayez pesé
ils pèsent	ils pesassent	ils aient pesé

INFINITIVE	*PARTICIPLE*
PRESENT	**PRESENT**
peser	pesant
PAST	**PAST**
avoir pesé	pesé

PLACER
to place

PRESENT	IMPERFECT	FUTURE
je place	je plaçais	je placerai
tu places	tu plaçais	tu placeras
il place	il plaçait	il placera
nous plaçons	nous placions	nous placerons
vous placez	vous placiez	vous placerez
ils placent	ils plaçaient	ils placeront

PAST HISTORIC	PERFECT	PLUPERFECT
je plaçai	j'ai placé	j'avais placé
tu plaças	tu as placé	tu avais placé
il plaça	il a placé	il avait placé
nous plaçâmes	nous avons placé	nous avions placé
vous plaçâtes	vous avez placé	vous aviez placé
ils placèrent	ils ont placé	ils avaient placé

PAST ANTERIOR	FUTURE PERFECT
j'eus placé etc	j'aurai placé etc

IMPERATIVE	*CONDITIONAL*	
	PRESENT	**PAST**
place	je placerais	j'aurais placé
plaçons	tu placerais	tu aurais placé
placez	il placerait	il aurait placé
	nous placerions	nous aurions placé
	vous placeriez	vous auriez placé
	ils placeraient	ils auraient placé

SUBJUNCTIVE		
PRESENT	**IMPERFECT**	**PERFECT**
je place	je plaçasse	j'aie placé
tu places	tu plaçasses	tu aies placé
il place	il plaçât	il ait placé
nous placions	nous plaçassions	nous ayons placé
vous placiez	vous plaçassiez	vous ayez placé
ils placent	ils plaçassent	ils aient placé

INFINITIVE	*PARTICIPLE*
PRESENT	**PRESENT**
placer	plaçant
PAST	**PAST**
avoir placé	placé

PLAIRE
to please

148

PRESENT	IMPERFECT	FUTURE
je plais	je plaisais	je plairai
tu plais	tu plaisais	tu plairas
il plaît	il plaisait	il plaira
nous plaisons	nous plaisions	nous plairons
vous plaisez	vous plaisiez	vous plairez
ils plaisent	ils plaisaient	ils plairont

PAST HISTORIC	PERFECT	PLUPERFECT
je plus	j'ai plu	j'avais plu
tu plus	tu as plu	tu avais plu
il plut	il a plu	il avait plu
nous plûmes	nous avons plu	nous avions plu
vous plûtes	vous avez plu	vous aviez plu
ils plurent	ils ont plu	ils avaient plu

PAST ANTERIOR	FUTURE PERFECT
j'eus plu etc	j'aurai plu etc

IMPERATIVE	CONDITIONAL	
	PRESENT	PAST
plais	je plairais	j'aurais plu
plaisons	tu plairais	tu aurais plu
plaisez	il plairait	il aurait plu
	nous plairions	nous aurions plu
	vous plairiez	vous auriez plu
	ils plairaient	ils auraient plu

SUBJUNCTIVE

PRESENT	IMPERFECT	PERFECT
je plaise	je plusse	j'aie plu
tu plaises	tu plusses	tu aies plu
il plaise	il plût	il ait plu
nous plaisions	nous plussions	nous ayons plu
vous plaisiez	vous plussiez	vous ayez plu
ils plaisent	ils plussent	ils aient plu

INFINITIVE	PARTICIPLE	NOTE
PRESENT	PRESENT	cette idée me plaît =
plaire	plaisant	*I like this idea*
PAST	PAST	
avoir plu	plu	

PLEUVOIR
to rain

PRESENT	**IMPERFECT**	**FUTURE**
il pleut	il pleuvait	il pleuvra

PAST HISTORIC	**PERFECT**	**PLUPERFECT**
il plut	il a plu	il avait plu

PAST ANTERIOR	**FUTURE PERFECT**
il eut plu	il aura plu

IMPERATIVE	*CONDITIONAL*	
	PRESENT	**PAST**
	il pleuvrait	il aurait plu

SUBJUNCTIVE		
PRESENT	**IMPERFECT**	**PERFECT**
il pleuve	il plût	il ait plu

INFINITIVE	*PARTICIPLE*
PRESENT	**PRESENT**
pleuvoir	pleuvant
PAST	**PAST**
avoir plu	plu

PLONGER
to dive

PRESENT	IMPERFECT	FUTURE
je plonge	je plongeais	je plongerai
tu plonges	tu plongeais	tu plongeras
il plonge	il plongeait	il plongera
nous plongeons	nous plongions	nous plongerons
vous plongez	vous plongiez	vous plongerez
ils plongent	ils plongeaient	ils plongeront

PAST HISTORIC	PERFECT	PLUPERFECT
je plongeai	j'ai plongé	j'avais plongé
tu plongeas	tu as plongé	tu avais plongé
il plongea	il a plongé	il avait plongé
nous plongeâmes	nous avons plongé	nous avions plongé
vous plongeâtes	vous avez plongé	vous aviez plongé
ils plongèrent	ils ont plongé	ils avaient plongé

PAST ANTERIOR	FUTURE PERFECT
j'eus plongé etc	j'aurai plongé etc

IMPERATIVE	CONDITIONAL	
	PRESENT	PAST
plonge	je plongerais	j'aurais plongé
plongeons	tu plongerais	tu aurais plongé
plongez	il plongerait	il aurait plongé
	nous plongerions	nous aurions plongé
	vous plongeriez	vous auriez plongé
	ils plongeraient	ils auraient plongé

SUBJUNCTIVE

PRESENT	IMPERFECT	PERFECT
je plonge	je plongeasse	j'aie plongé
tu plonges	tu plongeasses	tu aies plongé
il plonge	il plongeât	il ait plongé
nous plongions	nous plongeassions	nous ayons plongé
vous plongiez	vous plongeassiez	vous ayez plongé
ils plongent	ils plongeassent	ils aient plongé

INFINITIVE	PARTICIPLE
PRESENT	PRESENT
plonger	plongeant
PAST	PAST
avoir plongé	plongé

151 POINDRE
to dawn

PRESENT	IMPERFECT	FUTURE
il point		il poindra

PAST HISTORIC	PERFECT	PLUPERFECT

PAST ANTERIOR	FUTURE PERFECT

IMPERATIVE	*CONDITIONAL* PRESENT	PAST

SUBJUNCTIVE PRESENT	IMPERFECT	PERFECT

INFINITIVE PRESENT	*PARTICIPLE* PRESENT
poindre	
PAST	PAST

POSSEDER
to own

PRESENT

je possède
tu possèdes
il possède
nous possédons
vous possédez
ils possèdent

IMPERFECT

je possédais
tu possédais
il possédait
nous possédions
vous possédiez
ils possédaient

FUTURE

je posséderai
tu posséderas
il possédera
nous posséderons
vous posséderez
ils posséderont

PAST HISTORIC

je possédai
tu possédas
il posséda
nous possédâmes
vous possédâtes
ils possédèrent

PERFECT

j'ai possédé
tu as possédé
il a possédé
nous avons possédé
vous avez possédé
ils ont possédé

PLUPERFECT

j'avais possédé
tu avais possédé
il avait possédé
nous avions possédé
vous aviez possédé
ils avaient possédé

PAST ANTERIOR

j'eus possédé etc

FUTURE PERFECT

j'aurai possédé etc

IMPERATIVE

possède
possédons
possédez

CONDITIONAL
PRESENT

je posséderais
tu posséderais
il posséderait
nous posséderions
vous posséderiez
ils posséderaient

PAST

j'aurais possédé
tu aurais possédé
il aurait possédé
nous aurions possédé
vous auriez possédé
ils auraient possédé

SUBJUNCTIVE
PRESENT

je possède
tu possèdes
il possède
nous possédions
vous possédiez
ils possèdent

IMPERFECT

je possédasse
tu possédasses
il possédât
nous possédassions
vous possédassiez
ils possédassent

PERFECT

j'aie possédé
tu aies possédé
il ait possédé
nous ayons possédé
vous ayez possédé
ils aient possédé

INFINITIVE
PRESENT

posséder

PAST

avoir possédé

PARTICIPLE
PRESENT

possédant

PAST

possédé

153

POURVOIR
to provide

PRESENT	**IMPERFECT**	**FUTURE**
je pourvois	je pourvoyais	je pourvoirai
tu pourvois	tu pourvoyais	tu pourvoiras
il pourvoit	il pourvoyait	il pourvoira
nous pourvoyons l l	nous pourvoyions	nous pourvoirons
vous pourvoyez	vous pourvoyiez	vous pourvoirez
ils pourvoient	ils pourvoyaient	ils pourvoiront

PAST HISTORIC	**PERFECT**	**PLUPERFECT**
je pourvus	j'ai pourvu	j'avais pourvu
tu pourvus	tu as pourvu	tu avais pourvu
il pourvut	il a pourvu	il avait pourvu
nous pourvûmes	nous avons pourvu	nous avions pourvu
vous pourvûtes	vous avez pourvu	vous aviez pourvu
ils pourvurent	ils ont pourvu	ils avaient pourvu

PAST ANTERIOR	**FUTURE PERFECT**
j'eus pourvu etc	j'aurai pourvu etc

IMPERATIVE	*CONDITIONAL*	
	PRESENT	**PAST**
pourvois	je pourvoirais	j'aurais pourvu
pourvoyons	tu pourvoirais	tu aurais pourvu
pourvoyez	il pourvoirait	il aurait pourvu
	nous pourvoirions	nous aurions pourvu
	vous pourvoiriez	vous auriez pourvu
	ils pourvoiraient	ils auraient pourvu

SUBJUNCTIVE

PRESENT	**IMPERFECT**	**PERFECT**
je pourvoie	je pourvusse	j'aie pourvu
tu pourvoies	tu pourvusses	tu aies pourvu
il pourvoie	il pourvût	il ait pourvu
nous pourvoyions	nous pourvussions	nous ayons pourvu
vous pourvoyiez	vous pourvussiez	vous ayez pourvu
ils pourvoient	ils pourvussent	ils aient pourvu

INFINITIVE	*PARTICIPLE*
PRESENT	**PRESENT**
pourvoir	pourvoyant
PAST	**PAST**
avoir pourvu	pourvu

POUSSER
to push

PRESENT	**IMPERFECT**	**FUTURE**
je pousse	je poussais	je pousserai
tu pousses	tu poussais	tu pousseras
il pousse	il poussait	il poussera
nous poussons	nous poussions	nous pousserons
vous poussez	vous poussiez	vous pousserez
ils poussent	ils poussaient	ils pousseront

PAST HISTORIC	**PERFECT**	**PLUPERFECT**
je poussai	j'ai poussé	j'avais poussé
tu poussas	tu as poussé	tu avais poussé
il poussa	il a poussé	il avait poussé
nous poussâmes	nous avons poussé	nous avions poussé
vous poussâtes	vous avez poussé	vous aviez poussé
ils poussèrent	ils ont poussé	ils avaient poussé

PAST ANTERIOR	**FUTURE PERFECT**
j'eus poussé etc	j'aurai poussé etc

IMPERATIVE	**CONDITIONAL**	
	PRESENT	**PAST**
pousse	je pousserais	j'aurais poussé
poussons	tu pousserais	tu aurais poussé
poussez	il pousserait	il aurait poussé
	nous pousserions	nous aurions poussé
	vous pousseriez	vous auriez poussé
	ils pousseraient	ils auraient poussé

SUBJUNCTIVE		
PRESENT	**IMPERFECT**	**PERFECT**
je pousse	je poussasse	j'aie poussé
tu pousses	tu poussasses	tu aies poussé
il pousse	il poussât	il ait poussé
nous poussions	nous poussassions	nous ayons poussé
vous poussiez	vous poussassiez	vous ayez poussé
ils poussent	ils poussassent	ils aient poussé

INFINITIVE	**PARTICIPLE**
PRESENT	**PRESENT**
pousser	poussant
PAST	**PAST**
avoir poussé	poussé

155   POUVOIR
to be able to

PRESENT	IMPERFECT	FUTURE
je peux	je pouvais	je pourrai
tu peux	tu pouvais	tu pourras
il peut	il pouvait	il pourra
nous pouvons	nous pouvions	nous pourrons
vous pouvez	vous pouviez	vous pourrez
ils peuvent	ils pouvaient	ils pourront

PAST HISTORIC	PERFECT	PLUPERFECT
je pus	j'ai pu	j'avais pu
tu pus	tu as pu	tu avais pu
il put	il a pu	il avait pu
nous pûmes	nous avons pu	nous avions pu
vous pûtes	vous avez pu	vous aviez pu
ils purent	ils ont pu	ils avaient pu

PAST ANTERIOR	FUTURE PERFECT
j'eus pu etc	j'aurai pu etc

IMPERATIVE	CONDITIONAL	
	PRESENT	PAST
	je pourrais	j'aurais pu
	tu pourrais	tu aurais pu
	il pourrait	il aurait pu
	nous pourrions	nous aurions pu
	vous pourriez	vous auriez pu
	ils pourraient	ils auraient pu

SUBJUNCTIVE

PRESENT	IMPERFECT	PERFECT
je puisse	je pusse	j'aie pu
tu puisses	tu pusses	tu aies pu
il puisse	il pût	il ait pu
nous puissions	nous pussions	nous ayons pu
vous puissiez	vous pussiez	vous ayez pu
ils puissent	ils pussent	ils aient pu

INFINITIVE	PARTICIPLE
PRESENT	PRESENT
pouvoir	pouvant
PAST	PAST
avoir pu	pu

PREFERER
to prefer

PRESENT	IMPERFECT	FUTURE
je préfère	je préférais	je préférerai
tu préfères	tu préférais	tu préféreras
il préfère	il préférait	il préférera
nous préférons	nous préférions	nous préférerons
vous préférez	vous préfériez	vous préférerez
ils préfèrent	ils préféraient	ils préféreront

PAST HISTORIC	PERFECT	PLUPERFECT
je préférai	j'ai préféré	j'avais préféré
tu préféras	tu as préféré	tu avais préféré
il préféra	il a préféré	il avait préféré
nous préférâmes	nous avons préféré	nous avions préféré
vous préférâtes	vous avez préféré	vous aviez préféré
ils préférèrent	ils ont préféré	ils avaient préféré

PAST ANTERIOR	FUTURE PERFECT
j'eus préféré etc	j'aurai préféré etc

IMPERATIVE	CONDITIONAL	
	PRESENT	PAST
préfère	je préférerais	j'aurais préféré
préférons	tu préférerais	tu aurais préféré
préférez	il préférerait	il aurait préféré
	nous préférerions	nous aurions préféré
	vous préféreriez	vous auriez préféré
	ils préféreraient	ils auraient préféré

SUBJUNCTIVE

PRESENT	IMPERFECT	PERFECT
je préfère	je préférasse	j'aie préféré
tu préfères	tu préférasses	tu aies préféré
il préfère	il préférât	il ait préféré
nous préférions	nous préférassions	nous ayons préféré
vous préfériez	vous préférassiez	vous ayez préféré
ils préfèrent	ils préférassent	ils aient préféré

INFINITIVE	PARTICIPLE
PRESENT	PRESENT
préférer	préférant
PAST	PAST
avoir préféré	préféré

PRENDRE
to take

PRESENT	IMPERFECT	FUTURE
je prends	je prenais	je prendrai
tu prends	tu prenais	tu prendras
il prend	il prenait	il prendra
nous prenons	nous prenions	nous prendrons
vous prenez	vous preniez	vous prendrez
ils prennent	ils prenaient	ils prendront

PAST HISTORIC	PERFECT	PLUPERFECT
je pris	j'ai pris	j'avais pris
tu pris	tu as pris	tu avais pris
il prit	il a pris	il avait pris
nous prîmes	nous avons pris	nous avions pris
vous prîtes	vous avez pris	vous aviez pris
ils prirent	ils ont pris	ils avaient pris

PAST ANTERIOR	FUTURE PERFECT
j'eus pris etc	j'aurai pris etc

IMPERATIVE	*CONDITIONAL*	
	PRESENT	**PAST**
prends	je prendrais	j'aurais pris
prenons	tu prendrais	tu aurais pris
prenez	il prendrait	il aurait pris
	nous prendrions	nous aurions pris
	vous prendriez	vous auriez pris
	ils prendraient	ils auraient pris

SUBJUNCTIVE		
PRESENT	**IMPERFECT**	**PERFECT**
je prenne	je prisse	j'aie pris
tu prennes	tu prisses	tu aies pris
il prenne	il prît	il ait pris
nous prenions	nous prissions	nous ayons pris
vous preniez	vous prissiez	vous ayez pris
ils prennent	ils prissent	ils aient pris

INFINITIVE	*PARTICIPLE*
PRESENT	**PRESENT**
prendre	prenant
PAST	**PAST**
avoir pris	pris

PREVALOIR
to prevail

PRESENT

je prévaux
tu prévaux
il prévaut
nous prévalons
vous prévalez
ils prévalent

IMPERFECT

je prévalais
tu prévalais
il prévalait
nous prévalions
vous prévaliez
ils prévalaient

FUTURE

je prévaudrai
tu prévaudras
il prévaudra
nous prévaudrons
vous prévaudrez
ils prévaudront

PAST HISTORIC

je prévalus
tu prévalus
il prévalut
nous prévalûmes
vous prévalûtes
ils prévalurent

PERFECT

j'ai prévalu
tu as prévalu
il a prévalu
nous avons prévalu
vous avez prévalu
ils ont prévalu

PLUPERFECT

j'avais prévalu
tu avais prévalu
il avait prévalu
nous avions prévalu
vous aviez prévalu
ils avaient prévalu

PAST ANTERIOR

j'eus prévalu etc

FUTURE PERFECT

j'aurai prévalu etc

IMPERATIVE

prévaux
prévalons
prévalez

CONDITIONAL

PRESENT

je prévaudrais
tu prévaudrais
il prévaudrait
nous prévaudrions
vous prévaudriez
ils prévaudraient

PAST

j'aurais prévalu
tu aurais prévalu
il aurait prévalu
nous aurions prévalu
vous auriez prévalu
ils auraient prévalu

SUBJUNCTIVE

PRESENT

je prévale
tu prévales
il prévale
nous prévalions
vous prévaliez
ils prévalent

IMPERFECT

je prévalusse
tu prévalusses
il prévalût
nous prévalussions
vous prévalussiez
ils prévalussent

PERFECT

j'aie prévalu
tu aies prévalu
il ait prévalu
nous ayons prévalu
vous ayez prévalu
ils aient prévalu

INFINITIVE

PRESENT

prévaloir

PAST

avoir prévalu

PARTICIPLE

PRESENT

prévalant

PAST

prévalu

159 PREVENIR
to warn

PRESENT	IMPERFECT	FUTURE
je préviens	je prévenais	je préviendrai
tu préviens	tu prévenais	tu préviendras
il prévient	il prévenait	il préviendra
nous prévenons	nous prévenions	nous préviendrons
vous prévenez	vous préveniez	vous préviendrez
ils préviennent	ils prévenaient	ils préviendront

PAST HISTORIC	PERFECT	PLUPERFECT
je prévins	j'ai prévenu	j'avais prévenu
tu prévins	tu as prévenu	tu avais prévenu
il prévint	il a prévenu	il avait prévenu
nous prévînmes	nous avons prévenu	nous avions prévenu
vous prévîntes	vous avez prévenu	vous aviez prévenu
ils prévinrent	ils ont prévenu	ils avaient prévenu

PAST ANTERIOR	FUTURE PERFECT
j'eus prévenu etc	j'aurai prévenu etc

IMPERATIVE	*CONDITIONAL*	
	PRESENT	PAST
préviens	je préviendrais	j'aurais prévenu
prévenons	tu préviendrais	tu aurais prévenu
prévenez	il préviendrait	il aurait prévenu
	nous préviendrions	nous aurions prévenu
	vous préviendriez	vous auriez prévenu
	ils préviendraient	ils auraient prévenu

SUBJUNCTIVE

PRESENT	IMPERFECT	PERFECT
je prévienne	je prévinsse	j'aie prévenu
tu préviennes	tu prévinsses	tu aies prévenu
il prévienne	il prévînt	il ait prévenu
nous prévenions	nous prévinssions	nous ayons prévenu
vous préveniez	vous prévinssiez	vous ayez prévenu
ils préviennent	ils prévinssent	ils aient prévenu

INFINITIVE	*PARTICIPLE*	NOTE
PRESENT	PRESENT	convenir: *takes auxiliary*
prévenir	prévenant	être *when it means 'to*
PAST	PAST	*agree'*
avoir prévenu	prévenu	

PREVOIR
to foresee

PRESENT	IMPERFECT	FUTURE
je prévois	je prévoyais	je prévoirai
tu prévois	tu prévoyais	tu prévoiras
il prévoit	il prévoyait	il prévoira
nous prévoyons	nous prévoyions	nous prévoirons
vous prévoyez	vous prévoyiez	vous prévoirez
ils prévoient	ils prévoyaient	ils prévoiront

PAST HISTORIC	PERFECT	PLUPERFECT
je prévis	j'ai prévu	j'avais prévu
tu prévis	tu as prévu	tu avais prévu
il prévit	il a prévu	il avait prévu
nous prévîmes	nous avons prévu	nous avions prévu
vous prévîtes	vous avez prévu	vous aviez prévu
ils prévirent	ils ont prévu	ils avaient prévu

PAST ANTERIOR	FUTURE PERFECT
j'eus prévu etc	j'aurai prévu etc

IMPERATIVE	CONDITIONAL	
	PRESENT	PAST
prévois	je prévoirais	j'aurais prévu
prévoyons	tu prévoirais	tu aurais prévu
prévoyez	il prévoirait	il aurait prévu
	nous prévoirions	nous aurions prévu
	vous prévoiriez	vous auriez prévu
	ils prévoiraient	ils auraient prévu

SUBJUNCTIVE

PRESENT	IMPERFECT	PERFECT
je prévoie	je prévisse	j'aie prévu
tu prévoies	tu prévisses	tu aies prévu
il prévoie	il prévît	il ait prévu
nous prévoyions	nous prévissions	nous ayons prévu
vous prévoyiez	vous prévissiez	vous ayez prévu
ils prévoient	ils prévissent	ils aient prévu

INFINITIVE	PARTICIPLE
PRESENT	PRESENT
prévoir	prévoyant
PAST	PAST
avoir prévu	prévu

PROMETTRE
to promise

PRESENT

je promets
tu promets
il promet
nous promettons
vous promettez
ils promettent

IMPERFECT

je promettais
tu promettais
il promettait
nous promettions
vous promettiez
ils promettaient

FUTURE

je promettrai
tu promettras
il promettra
nous promettrons
vous promettrez
ils promettront

PAST HISTORIC

je promis
tu promis
il promit
nous promîmes
vous promîtes
ils promirent

PERFECT

j'ai promis
tu as promis
il a promis
nous avons promis
vous avez promis
ils ont promis

PLUPERFECT

j'avais promis
tu avais promis
il avait promis
nous avions promis
vous aviez promis
ils avaient promis

PAST ANTERIOR

j'eus promis etc

FUTURE PERFECT

j'aurai promis etc

IMPERATIVE

promets
promettons
promettez

CONDITIONAL

PRESENT

je promettrais
tu promettrais
il promettrait
nous promettrions
vous promettriez
ils promettraient

PAST

j'aurais promis
tu aurais promis
il aurait promis
nous aurions promis
vous auriez promis
ils auraient promis

SUBJUNCTIVE

PRESENT

je promette
tu promettes
il promette
nous promettions
vous promettiez
ils promettent

IMPERFECT

je promisse
tu promisses
il promît
nous promissions
vous promissiez
ils promissent

PERFECT

j'aie promis
tu aies promis
il ait promis
nous ayons promis
vous ayez promis
ils aient promis

INFINITIVE

PRESENT

promettre

PAST

avoir promis

PARTICIPLE

PRESENT

promettant

PAST

promis

PROMOUVOIR
to promote

PRESENT	IMPERFECT	FUTURE

PAST HISTORIC	PERFECT	PLUPERFECT
	j'ai promu	j'avais promu
	tu as promu	tu avais promu
	il a promu	il avait promu
	nous avons promu	nous avions promu
	vous avez promu	vous aviez promu
	ils ont promu	ils avaient promu

PAST ANTERIOR	FUTURE PERFECT
j'eus promu etc	j'aurai promu etc

IMPERATIVE	CONDITIONAL	
	PRESENT	PAST
		j'aurais promu
		tu aurais promu
		il aurait promu
		nous aurions promu
		vous auriez promu
		ils auraient promu

SUBJUNCTIVE		
PRESENT	IMPERFECT	PERFECT
		j'aie promu
		tu aies promu
		il ait promu
		nous ayons promu
		vous ayez promu
		ils aient promu

INFINITIVE	PARTICIPLE
PRESENT	PRESENT
promouvoir	promouvant
PAST	PAST
avoir promu	promu

PROTEGER
to protect

PRESENT

je protège
tu protèges
il protège
nous protégeons
vous protégez
ils protègent

IMPERFECT

je protégeais
tu protégeais
il protégeait
nous protégions
vous protégiez
ils protégeaient

FUTURE

je protégerai
tu protégeras
il protégera
nous protégerons
vous protégerez
ils protégeront

PAST HISTORIC

je protégeai
tu protégeas
il protégea
nous protégeâmes
vous protégeâtes
ils protégèrent

PERFECT

j'ai protégé
tu as protégé
il a protégé
nous avons protégé
vous avez protégé
ils ont protégé

PLUPERFECT

j'avais protégé
tu avais protégé
il avait protégé
nous avions protégé
vous aviez protégé
ils avaient protégé

PAST ANTERIOR

j'eus protégé etc

FUTURE PERFECT

j'aurai protégé etc

IMPERATIVE

protège
protégeons
protégez

CONDITIONAL

PRESENT

je protégerais
tu protégerais
il protégerait
nous protégerions
vous protégeriez
ils protégeraient

PAST

j'aurais protégé
tu aurais protégé
il aurait protégé
nous aurions protégé
vous auriez protégé
ils auraient protégé

SUBJUNCTIVE

PRESENT

je protège
tu protèges
il protège
nous protégions
vous protégiez
ils protègent

IMPERFECT

je protégeasse
tu protégeasses
il protégeât
nous protégeassions
vous protégeassiez
ils protégeassent

PERFECT

j'aie protégé
tu aies protégé
il ait protégé
nous ayons protégé
vous ayez protégé
ils aient protégé

INFINITIVE

PRESENT

protéger

PAST

avoir protégé

PARTICIPLE

PRESENT

protégeant

PAST

protégé

PUER
to stink

164

PRESENT	IMPERFECT	FUTURE
je pue	je puais	je puerai
tu pues	tu puais	tu pueras
il pue	il puait	il puera
nous puons	nous puions	nous puerons
vous puez	vous puiez	vous puerez
ils puent	ils puaient	ils pueront

PAST HISTORIC	PERFECT	PLUPERFECT
	j'ai pué	j'avais pué
	tu as pué	tu avais pué
	il a pué	il avait pué
	nous avons pué	nous avions pué
	vous avez pué	vous aviez pué
	ils ont pué	ils avaient pué

PAST ANTERIOR	FUTURE PERFECT
j'eus pué etc	j'aurai pué etc

IMPERATIVE	CONDITIONAL	
	PRESENT	PAST
	je puerais	j'aurais pué
	tu puerais	tu aurais pué
	il puerait	il aurait pué
	nous puerions	nous aurions pué
	vous pueriez	vous auriez pué
	ils pueraient	ils auraient pué

SUBJUNCTIVE

PRESENT	IMPERFECT	PERFECT
je pue		j'aie pué
tu pues		tu aies pué
il pue		il ait pué
nous puions		nous ayons pué
vous puiez		vous ayez pué
ils puent		ils aient pué

INFINITIVE	PARTICIPLE
PRESENT	PRESENT
puer	puant
PAST	PAST
avoir pué	pué

RAPIECER
to mend

PRESENT	IMPERFECT	FUTURE
je rapièce	je rapiéçais	je rapiécerai
tu rapièces	tu rapiéçais	tu rapiéceras
il rapièce	il rapiéçait	il rapiécera
nous rapiéçons	nous rapiécions	nous rapiécerons
vous rapiécez	vous rapiéciez	vous rapiécerez
ils rapiècent	ils rapiéçaient	ils rapiéceront

PAST HISTORIC	PERFECT	PLUPERFECT
je rapiéçai	j'ai rapiécé	j'avais rapiécé
tu rapiéças	tu as rapiécé	tu avais rapiécé
il rapiéça	il a rapiécé	il avait rapiécé
nous rapiéçâmes	nous avons rapiécé	nous avions rapiécé
vous rapiéçâtes	vous avez rapiécé	vous aviez rapiécé
ils rapiécèrent	ils ont rapiécé	ils avaient rapiécé

PAST ANTERIOR	FUTURE PERFECT
j'eus rapiécé etc	j'aurai rapiécé etc

IMPERATIVE	CONDITIONAL	
	PRESENT	PAST
rapièce	je rapiécerais	j'aurais rapiécé
rapiéçons	tu rapiécerais	tu aurais rapiécé
rapiécez	il rapiécerait	il aurait rapiécé
	nous rapiécerions	nous aurions rapiécé
	vous rapiéceriez	vous auriez rapiécé
	ils rapiéceraient	ils auraient rapiécé

SUBJUNCTIVE

PRESENT	IMPERFECT	PERFECT
je rapièce	je rapiéçasse	j'aie rapiécé
tu rapièces	tu rapiéçasses	tu aies rapiécé
il rapièce	il rapiéçât	il ait rapiécé
nous rapiécions	nous rapiéçassions	nous ayons rapiécé
vous rapiéciez	vous rapiéçassiez	vous ayez rapiécé
ils rapiècent	ils rapiéçassent	ils aient rapiécé

INFINITIVE	PARTICIPLE
PRESENT	PRESENT
rapiécer	rapiéçant
PAST	PAST
avoir rapiécé	rapiécé

RECEVOIR
to receive

166

PRESENT	**IMPERFECT**	**FUTURE**
je reçois	je recevais	je recevrai
tu reçois	tu recevais	tu recevras
il reçoit	il recevait	il recevra
nous recevons	nous recevions	nous recevrons
vous recevez	vous receviez	vous recevrez
ils reçoivent	ils recevaient	ils recevront

PAST HISTORIC	**PERFECT**	**PLUPERFECT**
je reçus	j'ai reçu	j'avais reçu
tu reçus	tu as reçu	tu avais reçu
il reçut	il a reçu	il avait reçu
nous reçûmes	nous avons reçu	nous avions reçu
vous reçûtes	vous avez reçu	vous aviez reçu
ils reçurent	ils ont reçu	ils avaient reçu

PAST ANTERIOR	**FUTURE PERFECT**
j'eus reçu etc	j'aurai reçu etc

IMPERATIVE	*CONDITIONAL*	
	PRESENT	**PAST**
reçois	je recevrais	j'aurais reçu
recevons	tu recevrais	tu aurais reçu
recevez	il recevrait	il aurait reçu
	nous recevrions	nous aurions reçu
	vous recevriez	vous auriez reçu
	ils recevraient	ils auraient reçu

SUBJUNCTIVE		
PRESENT	**IMPERFECT**	**PERFECT**
je reçoive	je reçusse	j'aie reçu
tu reçoives	tu reçusses	tu aies reçu
il reçoive	il reçût	il ait reçu
nous recevions	nous reçussions	nous ayons reçu
vous receviez	vous reçussiez	vous ayez reçu
ils reçoivent	ils reçussent	ils aient reçu

INFINITIVE	*PARTICIPLE*
PRESENT	**PRESENT**
recevoir	recevant
PAST	**PAST**
avoir reçu	reçu

REFRENER
to repress

PRESENT	IMPERFECT	FUTURE
je réfrène	je réfrénais	je réfrénerai
tu réfrènes	tu réfrénais	tu réfréneras
il réfrène	il réfrénait	il réfrénera
nous réfrénons	nous réfrénions	nous réfrénerons
vous réfrénez	vous réfréniez	vous réfrénerez
ils réfrènent	ils réfrénaient	ils réfréneront

PAST HISTORIC	PERFECT	PLUPERFECT
je réfrénai	j'ai réfréné	j'avais réfréné
tu réfrénas	tu as réfréné	tu avais réfréné
il réfréna	il a réfréné	il avait réfréné
nous réfrénâmes	nous avons réfréné	nous avions réfréné
vous réfrénâtes	vous avez réfréné	vous aviez réfréné
ils réfrénèrent	ils ont réfréné	ils avaient réfréné

PAST ANTERIOR	FUTURE PERFECT
j'eus réfréné etc	j'aurai réfréné etc

IMPERATIVE	CONDITIONAL	
	PRESENT	PAST
réfrène	je réfrénerais	j'aurais réfréné
réfrénons	tu réfrénerais	tu aurais réfréné
réfrénez	il réfrénerait	il aurait réfréné
	nous réfrénerions	nous aurions réfréné
	vous réfréneriez	vous auriez réfréné
	ils réfréneraient	ils auraient réfréné

SUBJUNCTIVE		
PRESENT	IMPERFECT	PERFECT
je réfrène	je réfrénasse	j'aie réfréné
tu réfrènes	tu réfrénasses	tu aies réfréné
il réfrène	il réfrénât	il ait réfréné
nous réfrénions	nous réfrénassions	nous ayons réfréné
vous réfréniez	vous réfrénassiez	vous ayez réfréné
ils réfrènent	ils réfrénassent	ils aient réfréné

INFINITIVE	PARTICIPLE
PRESENT	PRESENT
réfréner	réfrénant
PAST	PAST
avoir réfréné	réfréné

REGLER
to adjust

PRESENT
je règle
tu règles
il règle
nous réglons
vous réglez
ils règlent

IMPERFECT
je réglais
tu réglais
il réglait
nous réglions
vous régliez
ils réglaient

FUTURE
je réglerai
tu régleras
il réglera
nous réglerons
vous réglerez
ils régleront

PAST HISTORIC
je réglai
tu réglas
il régla
nous réglâmes
vous réglâtes
ils réglèrent

PERFECT
j'ai réglé
tu as réglé
il a réglé
nous avons réglé
vous avez réglé
ils ont réglé

PLUPERFECT
j'avais réglé
tu avais réglé
il avait réglé
nous avions réglé
vous aviez réglé
ils avaient réglé

PAST ANTERIOR
j'eus réglé etc

FUTURE PERFECT
j'aurai réglé etc

IMPERATIVE

règle
réglons
réglez

CONDITIONAL

PRESENT
je réglerais
tu réglerais
il réglerait
nous réglerions
vous régleriez
ils régleraient

PAST
j'aurais réglé
tu aurais réglé
il aurait réglé
nous aurions réglé
vous auriez réglé
ils auraient réglé

SUBJUNCTIVE
PRESENT
je règle
tu règles
il règle
nous réglions
vous régliez
ils règlent

IMPERFECT
je réglasse
tu réglasses
il réglât
nous réglassions
vous réglassiez
ils réglassent

PERFECT
j'aie réglé
tu aies réglé
il ait réglé
nous ayons réglé
vous ayez réglé
ils aient réglé

INFINITIVE
PRESENT
régler
PAST
avoir réglé

PARTICIPLE
PRESENT
réglant
PAST
réglé

REGNER
to reign

PRESENT	IMPERFECT	FUTURE
je règne	je régnais	je régnerai
tu règnes	tu régnais	tu régneras
il règne	il régnait	il régnera
nous régnons	nous régnions	nous régnerons
vous régnez	vous régniez	vous régnerez
ils règnent	ils régnaient	ils régneront

PAST HISTORIC	PERFECT	PLUPERFECT
je régnai	j'ai régné	j'avais régné
tu régnas	tu as régné	tu avais régné
il régna	il a régné	il avait régné
nous régnâmes	nous avons régné	nous avions régné
vous régnâtes	vous avez régné	vous aviez régné
ils régnèrent	ils ont régné	ils avaient régné

PAST ANTERIOR	FUTURE PERFECT
j'eus régné etc	j'aurai régné etc

IMPERATIVE	CONDITIONAL	
	PRESENT	PAST
règne	je régnerais	j'aurais régné
régnons	tu régnerais	tu aurais régné
régnez	il régnerait	il aurait régné
	nous régnerions	nous aurions régné
	vous régneriez	vous auriez régné
	ils régneraient	ils auraient régné

SUBJUNCTIVE		
PRESENT	IMPERFECT	PERFECT
je règne	je régnasse	j'aie régné
tu règnes	tu régnasses	tu aies régné
il règne	il régnât	il ait régné
nous régnions	nous régnassions	nous ayons régné
vous régniez	vous régnassiez	vous ayez régné
ils règnent	ils régnassent	ils aient régné

INFINITIVE	PARTICIPLE
PRESENT	PRESENT
régner	régnant
PAST	PAST
avoir régné	régné

RENAITRE
to be revived

PRESENT	IMPERFECT	FUTURE
je renais	je renaissais	je renaîtrai
tu renais	tu renaissais	tu renaîtras
il renaît	il renaissait	il renaîtra
nous renaissons	nous renaissions	nous renaîtrons
vous renaissez	vous renaissiez	vous renaîtrez
ils renaissent	ils renaissaient	ils renaîtront

PAST HISTORIC	PERFECT	PLUPERFECT
je renaquis		
tu renaquis		
il renaquit		
nous renaquîmes		
vous renaquîtes		
ils renaquirent		

PAST ANTERIOR	FUTURE PERFECT

IMPERATIVE	CONDITIONAL	
	PRESENT	PAST
renais	je renaîtrais	
renaissons	tu renaîtrais	
renaissez	il renaîtrait	
	nous renaîtrions	
	vous renaîtriez	
	ils renaîtraient	

SUBJUNCTIVE

PRESENT	IMPERFECT	PERFECT
je renaisse	je renaquisse	
tu renaisses	tu renaquisses	
il renaisse	il renaquît	
nous renaissions	nous renaquissions	
vous renaissiez	vous renaquissiez	
ils renaissent	ils renaquissent	

INFINITIVE	PARTICIPLE
PRESENT	PRESENT
renaître	renaissant
PAST	PAST

171 RENDRE
to give back

PRESENT	IMPERFECT	FUTURE
je rends	je rendais	je rendrai
tu rends	tu rendais	tu rendras
il rend	il rendait	il rendra
nous rendons	nous rendions	nous rendrons
vous rendez	vous rendiez	vous rendrez
ils rendent	ils rendaient	ils rendront

PAST HISTORIC	PERFECT	PLUPERFECT
je rendis	j'ai rendu	j'avais rendu
tu rendis	tu as rendu	tu avais rendu
il rendit	il a rendu	il avait rendu
nous rendîmes	nous avons rendu	nous avions rendu
vous rendîtes	vous avez rendu	vous aviez rendu
ils rendirent	ils ont rendu	ils avaient rendu

PAST ANTERIOR	FUTURE PERFECT
j'eus rendu etc	j'aurai rendu etc

IMPERATIVE	CONDITIONAL	
	PRESENT	PAST
rends	je rendrais	j'aurais rendu
rendons	tu rendrais	tu aurais rendu
rendez	il rendrait	il aurait rendu
	nous rendrions	nous aurions rendu
	vous rendriez	vous auriez rendu
	ils rendraient	ils auraient rendu

SUBJUNCTIVE	IMPERFECT	PERFECT
PRESENT		
je rende	je rendisse	j'aie rendu
tu rendes	tu rendisses	tu aies rendu
il rende	il rendît	il ait rendu
nous rendions	nous rendissions	nous ayons rendu
vous rendiez	vous rendissiez	vous ayez rendu
ils rendent	ils rendissent	ils aient rendu

INFINITIVE	PARTICIPLE
PRESENT	PRESENT
rendre	rendant
PAST	PAST
avoir rendu	rendu

RENTRER
to go home, to go in

172

PRESENT	IMPERFECT	FUTURE
je rentre	je rentrais	je rentrerai
tu rentres	tu rentrais	tu rentreras
il rentre	il rentrait	il rentrera
nous rentrons	nous rentrions	nous rentrerons
vous rentrez	vous rentriez	vous rentrerez
ils rentrent	ils rentraient	ils rentreront

PAST HISTORIC	PERFECT	PLUPERFECT
je rentrai	je suis rentré	j'étais rentré
tu rentras	tu es rentré	tu étais rentré
il rentra	il est rentré	il était rentré
nous rentrâmes	nous sommes rentrés	nous étions rentrés
vous rentrâtes	vous êtes rentré(s)	vous étiez rentré(s)
ils rentrèrent	ils sont rentrés	ils étaient rentrés

PAST ANTERIOR	FUTURE PERFECT
je fus rentré etc	je serai rentré etc

IMPERATIVE	CONDITIONAL	
	PRESENT	PAST
rentre	je rentrerais	je serais rentré
rentrons	tu rentrerais	tu serais rentré
rentrez	il rentrerait	il serait rentré
	nous rentrerions	nous serions rentrés
	vous rentreriez	vous seriez rentré(s)
	ils rentreraient	ils seraient rentrés

SUBJUNCTIVE

PRESENT	IMPERFECT	PERFECT
je rentre	je rentrasse	je sois rentré
tu rentres	tu rentrasses	tu sois rentré
il rentre	il rentrât	il soit rentré
nous rentrions	nous rentrassions	nous soyons rentrés
vous rentriez	vous rentrassiez	vous soyez rentré(s)
ils rentrent	ils rentrassent	ils soient rentrés

INFINITIVE	PARTICIPLE	NOTE
PRESENT	PRESENT	*auxiliary* avoir *when transitive*
rentrer	rentrant	
PAST	PAST	
être rentré	rentré	

REPANDRE
to spread

PRESENT	IMPERFECT	FUTURE
je répands	je répandais	je répandrai
tu répands	tu répandais	tu répandras
il répand	il répandait	il répandra
nous répandons	nous répandions	nous répandrons
vous répandez	vous répandiez	vous répandrez
ils répandent	ils répandaient	ils répandront

PAST HISTORIC	PERFECT	PLUPERFECT
je répandis	j'ai répandu	j'avais répandu
tu répandis	tu as répandu	tu avais répandu
il répandit	il a répandu	il avait répandu
nous répandîmes	nous avons répandu	nous avions répandu
vous répandîtes	vous avez répandu	vous aviez répandu
ils répandirent	ils ont répandu	ils avaient répandu

PAST ANTERIOR	FUTURE PERFECT
j'eus répandu etc	j'aurai répandu etc

IMPERATIVE	CONDITIONAL	
	PRESENT	PAST
répands	je répandrais	j'aurais répandu
répandons	tu répandrais	tu aurais répandu
répandez	il répandrait	il aurait répandu
	nous répandrions	nous aurions répandu
	vous répandriez	vous auriez répandu
	ils répandraient	ils auraient répandu

SUBJUNCTIVE

PRESENT	IMPERFECT	PERFECT
je répande	je répandisse	j'aie répandu
tu répandes	tu répandisses	tu aies répandu
il répande	il répandît	il ait répandu
nous répandions	nous répandissions	nous ayons répandu
vous répandiez	vous répandissiez	vous ayez répandu
ils répandent	ils répandissent	ils aient répandu

INFINITIVE	PARTICIPLE
PRESENT	PRESENT
répandre	répandant
PAST	PAST
avoir répandu	répandu

REPONDRE
to answer

PRESENT	**IMPERFECT**	**FUTURE**
je réponds	je répondais	je répondrai
tu réponds	tu répondais	tu répondras
il répond	il répondait	il répondra
nous répondons	nous répondions	nous répondrons
vous répondez	vous répondiez	vous répondrez
ils répondent	ils répondaient	ils répondront

PAST HISTORIC	**PERFECT**	**PLUPERFECT**
je répondis	j'ai répondu	j'avais répondu
tu répondis	tu as répondu	tu avais répondu
il répondit	il a répondu	il avait répondu
nous répondîmes	nous avons répondu	nous avions répondu
vous répondîtes	vous avez répondu	vous aviez répondu
ils répondirent	ils ont répondu	ils avaient répondu

PAST ANTERIOR	**FUTURE PERFECT**
j'eus répondu etc	j'aurai répondu etc

IMPERATIVE	**CONDITIONAL**	
	PRESENT	**PAST**
réponds	je répondrais	j'aurais répondu
répondons	tu répondrais	tu aurais répondu
répondez	il répondrait	il aurait répondu
	nous répondrions	nous aurions répondu
	vous répondriez	vous auriez répondu
	ils répondraient	ils auraient répondu

SUBJUNCTIVE

PRESENT	**IMPERFECT**	**PERFECT**
je réponde	je répondisse	j'aie répondu
tu répondes	tu répondisses	tu aies répondu
il réponde	il répondît	il ait répondu
nous répondions	nous répondissions	nous ayons répondu
vous répondiez	vous répondissiez	vous ayez répondu
ils répondent	ils répondissent	ils aient répondu

INFINITIVE	**PARTICIPLE**
PRESENT	**PRESENT**
répondre	répondant
PAST	**PAST**
avoir répondu	répondu

RESOUDRE
to solve

PRESENT	IMPERFECT	FUTURE
je résous	je résolvais	je résoudrai
tu résous	tu résolvais	tu résoudras
il résout	il résolvait	il résoudra
nous résolvons	nous résolvions	nous résoudrons
vous résolvez	vous résolviez	vous résoudrez
ils résolvent	ils résolvaient	ils résoudront

PAST HISTORIC	PERFECT	PLUPERFECT
je résolus	j'ai résolu	j'avais résolu
tu résolus	tu as résolu	tu avais résolu
il résolut	il a résolu	il avait résolu
nous résolûmes	nous avons résolu	nous avions résolu
vous résolûtes	vous avez résolu	vous aviez résolu
ils résolurent	ils ont résolu	ils avaient résolu

PAST ANTERIOR	FUTURE PERFECT
j'eus résolu etc	j'aurai résolu etc

IMPERATIVE	*CONDITIONAL*	
	PRESENT	**PAST**
résous	je résoudrais	j'aurais résolu
résolvons	tu résoudrais	tu aurais résolu
résolvez	il résoudrait	il aurait résolu
	nous résoudrions	nous aurions résolu
	vous résoudriez	vous auriez résolu
	ils résoudraient	ils auraient résolu

SUBJUNCTIVE

PRESENT	IMPERFECT	PERFECT
je résolve	je résolusse	j'aie résolu
tu résolves	tu résolusses	tu aies résolu
il résolve	il résolût	il ait résolu
nous résolvions	nous résolussions	nous ayons résolu
vous résolviez	vous résolussiez	vous ayez résolu
ils résolvent	ils résolussent	ils aient résolu

INFINITIVE	*PARTICIPLE*
PRESENT	**PRESENT**
résoudre	résolvant
PAST	**PAST**
avoir résolu	résolu

RESTER
to stay

PRESENT	IMPERFECT	FUTURE
je reste	je restais	je resterai
tu restes	tu restais	tu resteras
il reste	il restait	il restera
nous restons	nous restions	nous resterons
vous restez	vous restiez	vous resterez
ils restent	ils restaient	ils resteront

PAST HISTORIC	PERFECT	PLUPERFECT
je restai	je suis resté	j'étais resté
tu restas	tu es resté	tu étais resté
il resta	il est resté	il était resté
nous restâmes	nous sommes restés	nous étions restés
vous restâtes	vous êtes resté(s)	vous étiez resté(s)
ils restèrent	ils sont restés	ils étaient restés

PAST ANTERIOR	FUTURE PERFECT
je fus resté etc	je serai resté etc

IMPERATIVE	CONDITIONAL	
	PRESENT	PAST
reste	je resterais	je serais resté
restons	tu resterais	tu serais resté
restez	il resterait	il serait resté
	nous resterions	nous serions restés
	vous resteriez	vous seriez resté(s)
	ils resteraient	ils seraient restés

SUBJUNCTIVE

PRESENT	IMPERFECT	PERFECT
je reste	je restasse	je sois resté
tu restes	tu restasses	tu sois resté
il reste	il restât	il soit resté
nous restions	nous restassions	nous soyons restés
vous restiez	vous restassiez	vous soyez resté(s)
ils restent	ils restassent	ils soient restés

INFINITIVE	PARTICIPLE
PRESENT	PRESENT
rester	restant
PAST	PAST
être resté	resté

RETOURNER
to return

PRESENT	IMPERFECT	FUTURE
je retourne	je retournais	je retournerai
tu retournes	tu retournais	tu retourneras
il retourne	il retournait	il retournera
nous retournons	nous retournions	nous retournerons
vous retournez	vous retourniez	vous retournerez
ils retournent	ils retournaient	ils retourneront

PAST HISTORIC	PERFECT	PLUPERFECT
je retournai	je suis retourné	j'étais retourné
tu retournas	tu es retourné	tu étais retourné
il retourna	il est retourné	il était retourné
nous retournâmes	nous sommes retournés	nous étions retournés
vous retournâtes	vous êtes retourné(s)	vous étiez retourné(s)
ils retournèrent	ils sont retournés	ils étaient retournés

PAST ANTERIOR	FUTURE PERFECT
je fus retourné etc	je serai retourné etc

IMPERATIVE	CONDITIONAL	
	PRESENT	PAST
retourne	je retournerais	je serais retourné
retournons	tu retournerais	tu serais retourné
retournez	il retournerait	il serait retourné
	nous retournerions	nous serions retournés
	vous retourneriez	vous seriez retourné(s)
	ils retourneraient	ils seraient retournés

SUBJUNCTIVE

PRESENT	IMPERFECT	PERFECT
je retourne	je retournasse	je sois retourné
tu retournes	tu retournasses	tu sois retourné
il retourne	il retournât	il soit retourné
nous retournions	nous retournassions	nous soyons retournés
vous retourniez	vous retournassiez	vous soyez retourné(s)
ils retournent	ils retournassent	ils soient retournés

INFINITIVE	PARTICIPLE	NOTE
PRESENT	PRESENT	*auxiliary* avoir *when transitive*
retourner	retournant	
PAST	PAST	
être retourné	retourné	

PRESENT	IMPERFECT	FUTURE
je révèle	je révélais	je révélerai
tu révèles	tu révélais	tu révéleras
il révèle	il révélait	il révélera
nous révélons	nous révélions	nous révélerons
vous révélez	vous révéliez	vous révélerez
ils révèlent	ils révélaient	ils révéleront

PAST HISTORIC	PERFECT	PLUPERFECT
je révélai	j'ai révélé	j'avais révélé
tu révélas	tu as révélé	tu avais révélé
il révéla	il a révélé	il avait révélé
nous révélâmes	nous avons révélé	nous avions révélé
vous révélâtes	vous avez révélé	vous aviez révélé
ils révélèrent	ils ont révélé	ils avaient révélé

PAST ANTERIOR	FUTURE PERFECT
j'eus révélé etc	j'aurai révélé etc

IMPERATIVE	*CONDITIONAL*	
	PRESENT	**PAST**
révèle	je révélerais	j'aurais révélé
révélons	tu révélerais	tu aurais révélé
révélez	il révélerait	il aurait révélé
	nous révélerions	nous aurions révélé
	vous révéleriez	vous auriez révélé
	ils révéleraient	ils auraient révélé

SUBJUNCTIVE		
PRESENT	IMPERFECT	PERFECT
je révèle	je révélasse	j'aie révélé
tu révèles	tu révélasses	tu aies révélé
il révèle	il révélât	il ait révélé
nous révélions	nous révélassions	nous ayons révélé
vous révéliez	vous révélassiez	vous ayez révélé
ils révèlent	ils révélassent	ils aient révélé

INFINITIVE	*PARTICIPLE*
PRESENT	PRESENT
révéler	révélant
PAST	PAST
avoir révélé	révélé

REVENIR
to come back

PRESENT	IMPERFECT	FUTURE
je reviens	je revenais	je reviendrai
tu reviens	tu revenais	tu reviendras
il revient	il revenait	il reviendra
nous revenons	nous revenions	nous reviendrons
vous revenez	vous reveniez	vous reviendrez
ils reviennent	ils revenaient	ils reviendront

PAST HISTORIC	PERFECT	PLUPERFECT
je revins	je suis revenu	j'étais revenu
tu revins	tu es revenu	tu étais revenu
il revint	il est revenu	il était revenu
nous revînmes	nous sommes revenus	nous étions revenus
vous revîntes	vous êtes revenu(s)	vous étiez revenu(s)
ils revinrent	ils sont revenus	ils étaient revenus

PAST ANTERIOR	FUTURE PERFECT
je fus revenu etc	je serai revenu etc

IMPERATIVE	*CONDITIONAL*	
	PRESENT	PAST
reviens	je reviendrais	je serais revenu
revenons	tu reviendrais	tu serais revenu
revenez	il reviendrait	il serait revenu
	nous reviendrions	nous serions revenus
	vous reviendriez	vous seriez revenu(s)
	ils reviendraient	ils seraient revenus

SUBJUNCTIVE

PRESENT	IMPERFECT	PERFECT
je revienne	je revinsse	je sois revenu
tu reviennes	tu revinsses	tu sois revenu
il revienne	il revînt	il soit revenu
nous revenions	nous revinssions	nous soyons revenus
vous reveniez	vous revinssiez	vous soyez revenu(s)
ils reviennent	ils revinssent	ils soient revenus

INFINITIVE	*PARTICIPLE*
PRESENT	PRESENT
revenir	revenant
PAST	PAST
être revenu	revenu

RIRE
to laugh

PRESENT	**IMPERFECT**	**FUTURE**
je ris	je riais	je rirai
tu ris	tu riais	tu riras
il rit	il riait	il rira
nous rions	nous riions	nous rirons
vous riez	vous riiez	vous rirez
ils rient	ils riaient	ils riront

PAST HISTORIC	**PERFECT**	**PLUPERFECT**
je ris	j'ai ri	j'avais ri
tu ris	tu as ri	tu avais ri
il rit	il a ri	il avait ri
nous rîmes	nous avons ri	nous avions ri
vous rîtes	vous avez ri	vous aviez ri
ils rirent	ils ont ri	ils avaient ri

PAST ANTERIOR	**FUTURE PERFECT**
j'eus ri etc	j'aurai ri etc

IMPERATIVE	*CONDITIONAL*	
	PRESENT	**PAST**
ris	je rirais	j'aurais ri
rions	tu rirais	tu aurais ri
riez	il rirait	il aurait ri
	nous ririons	nous aurions ri
	vous ririez	vous auriez ri
	ils riraient	ils auraient ri

SUBJUNCTIVE

PRESENT	**IMPERFECT**	**PERFECT**
je rie	je risse	j'aie ri
tu ries	tu risses	tu aies ri
il rie	il rît	il ait ri
nous riions	nous rissions	nous ayons ri
vous riiez	vous rissiez	vous ayez ri
ils rient	ils rissent	ils aient ri

INFINITIVE	*PARTICIPLE*
PRESENT	**PRESENT**
rire	riant
PAST	**PAST**
avoir ri	ri

ROMPRE
to break

PRESENT	IMPERFECT	FUTURE
je romps	je rompais	je romprai
tu romps	tu rompais	tu rompras
il rompt	il rompait	il rompra
nous rompons	nous rompions	nous romprons
vous rompez	vous rompiez	vous romprez
ils rompent	ils rompaient	ils rompront

PAST HISTORIC	PERFECT	PLUPERFECT
je rompis	j'ai rompu	j'avais rompu
tu rompis	tu as rompu	tu avais rompu
il rompit	il a rompu	il avait rompu
nous rompîmes	nous avons rompu	nous avions rompu
vous rompîtes	vous avez rompu	vous aviez rompu
ils rompirent	ils ont rompu	ils avaient rompu

PAST ANTERIOR	FUTURE PERFECT
j'eus rompu etc	j'aurai rompu etc

IMPERATIVE	CONDITIONAL	
	PRESENT	PAST
romps	je romprais	j'aurais rompu
rompons	tu romprais	tu aurais rompu
rompez	il romprait	il aurait rompu
	nous romprions	nous aurions rompu
	vous rompriez	vous auriez rompu
	ils rompraient	ils auraient rompu

SUBJUNCTIVE

PRESENT	IMPERFECT	PERFECT
je rompe	je rompisse	j'aie rompu
tu rompes	tu rompisses	tu aies rompu
il rompe	il rompît	il ait rompu
nous rompions	nous rompissions	nous ayons rompu
vous rompiez	vous rompissiez	vous ayez rompu
ils rompent	ils rompissent	ils aient rompu

INFINITIVE	PARTICIPLE
PRESENT	PRESENT
rompre	rompant
PAST	PAST
avoir rompu	rompu

PRESENT	IMPERFECT	FUTURE
il saille	il saillait	il saillera
ils saillent	ils saillaient	ils sailleront

PAST HISTORIC	PERFECT	PLUPERFECT
il saillit	il a sailli	il avait sailli
ils saillirent	ils ont sailli	ils avaient sailli

PAST ANTERIOR	FUTURE PERFECT
il eut sailli etc	il aura sailli etc

IMPERATIVE	CONDITIONAL	
	PRESENT	PAST
	il saillerait	il aurait sailli
	ils sailleraient	ils auraient sailli

SUBJUNCTIVE

PRESENT	IMPERFECT	PERFECT
il saille	il saillît	il ait sailli
ils saillent	ils saillissent	ils aient sailli

INFINITIVE	PARTICIPLE
PRESENT	PRESENT
saillir	saillant
PAST	PAST
avoir sailli	sailli

SAVOIR
to know

PRESENT	IMPERFECT	FUTURE
je sais	je savais	je saurai
tu sais	tu savais	tu sauras
il sait	il savait	il saura
nous savons	nous savions	nous saurons
vous savez	vous saviez	vous saurez
ils savent	ils savaient	ils sauront

PAST HISTORIC	PERFECT	PLUPERFECT
je sus	j'ai su	j'avais su
tu sus	tu as su	tu avais su
il sut	il a su	il avait su
nous sûmes	nous avons su	nous avions su
vous sûtes	vous avez su	vous aviez su
ils surent	ils ont su	ils avaient su

PAST ANTERIOR	FUTURE PERFECT
j'eus su etc	j'aurai su etc

IMPERATIVE	CONDITIONAL	
	PRESENT	PAST
sache	je saurais	j'aurais su
sachons	tu saurais	tu aurais su
sachez	il saurait	il aurait su
	nous saurions	nous aurions su
	vous sauriez	vous auriez su
	ils sauraient	ils auraient su

SUBJUNCTIVE

PRESENT	IMPERFECT	PERFECT
je sache	je susse	j'aie su
tu saches	tu susses	tu aies su
il sache	il sût	il ait su
nous sachions	nous sussions	nous ayons su
vous sachiez	vous sussiez	vous ayez su
ils sachent	ils sussent	ils aient su

INFINITIVE	PARTICIPLE
PRESENT	PRESENT
savoir	sachant
PAST	PAST
avoir su	su

PRESENT
je sèche
tu sèches
il sèche
nous séchons
vous séchez
ils sèchent

IMPERFECT
je séchais
tu séchais
il séchait
nous séchions
vous séchiez
ils séchaient

FUTURE
je sécherai
tu sécheras
il séchera
nous sécherons
vous sécherez
ils sécheront

PAST HISTORIC
je séchai
tu séchas
il sécha
nous séchâmes
vous séchâtes
ils séchèrent

PERFECT
j'ai séché
tu as séché
il a séché
nous avons séché
vous avez séché
ils ont séché

PLUPERFECT
j'avais séché
tu avais séché
il avait séché
nous avions séché
vous aviez séché
ils avaient séché

PAST ANTERIOR
j'eus séché etc

FUTURE PERFECT
j'aurai séché etc

IMPERATIVE

sèche
séchons
séchez

CONDITIONAL
PRESENT
je sécherais
tu sécherais
il sécherait
nous sécherions
vous sécheriez
ils sécheraient

PAST
j'aurais séché
tu aurais séché
il aurait séché
nous aurions séché
vous auriez séché
ils auraient séché

SUBJUNCTIVE
PRESENT
je sèche
tu sèches
il sèche
nous séchions
vous séchiez
ils sèchent

IMPERFECT
je séchasse
tu séchasses
il séchât
nous séchassions
vous séchassiez
ils séchassent

PERFECT
j'aie séché
tu aies séché
il ait séché
nous ayons séché
vous ayez séché
ils aient séché

INFINITIVE
PRESENT
sécher

PAST
avoir séché

PARTICIPLE
PRESENT
séchant

PAST
séché

185

SEMER
to sow

PRESENT	IMPERFECT	FUTURE
je sème	je semais	je sèmerai
tu sèmes	tu semais	tu sèmeras
il sème	il semait	il sèmera
nous semons	nous semions	nous sèmerons
vous semez	vous semiez	vous sèmerez
ils sèment	ils semaient	ils sèmeront

PAST HISTORIC	PERFECT	PLUPERFECT
je semai	j'ai semé	j'avais semé
tu semas	tu as semé	tu avais semé
il sema	il a semé	il avait semé
nous semâmes	nous avons semé	nous avions semé
vous semâtes	vous avez semé	vous aviez semé
ils semèrent	ils ont semé	ils avaient semé

PAST ANTERIOR	FUTURE PERFECT
j'eus semé etc	j'aurai semé etc

IMPERATIVE	CONDITIONAL	
	PRESENT	PAST
sème	je sèmerais	j'aurais semé
semons	tu sèmerais	tu aurais semé
semez	il sèmerait	il aurait semé
	nous sèmerions	nous aurions semé
	vous sèmeriez	vous auriez semé
	ils sèmeraient	ils auraient semé

SUBJUNCTIVE

PRESENT	IMPERFECT	PERFECT
je sème	je semasse	j'aie semé
tu sèmes	tu semasses	tu aies semé
il sème	il semât	il ait semé
nous semions	nous semassions	nous ayons semé
vous semiez	vous semassiez	vous ayez semé
ils sèment	ils semassent	ils aient semé

INFINITIVE	PARTICIPLE
PRESENT	PRESENT
semer	semant
PAST	PAST
avoir semé	semé

SENTIR
to feel, to smell

PRESENT	**IMPERFECT**	**FUTURE**
je sens	je sentais	je sentirai
tu sens	tu sentais	tu sentiras
il sent	il sentait	il sentira
nous sentons	nous sentions	nous sentirons
vous sentez	vous sentiez	vous sentirez
ils sentent	ils sentaient	ils sentiront

PAST HISTORIC	**PERFECT**	**PLUPERFECT**
je sentis	j'ai senti	j'avais senti
tu sentis	tu as senti	tu avais senti
il sentit	il a senti	il avait senti
nous sentîmes	nous avons senti	nous avions senti
vous sentîtes	vous avez senti	vous aviez senti
ils sentirent	ils ont senti	ils avaient senti

PAST ANTERIOR	**FUTURE PERFECT**
j'eus senti etc	j'aurai senti etc

IMPERATIVE	**CONDITIONAL**	
	PRESENT	**PAST**
sens	je sentirais	j'aurais senti
sentons	tu sentirais	tu aurais senti
sentez	il sentirait	il aurait senti
	nous sentirions	nous aurions senti
	vous sentiriez	vous auriez senti
	ils sentiraient	ils auraient senti

SUBJUNCTIVE		
PRESENT	**IMPERFECT**	**PERFECT**
je sente	je sentisse	j'aie senti
tu sentes	tu sentisses	tu aies senti
il sente	il sentît	il ait senti
nous sentions	nous sentissions	nous ayons senti
vous sentiez	vous sentissiez	vous ayez senti
ils sentent	ils sentissent	ils aient senti

INFINITIVE	**PARTICIPLE**
PRESENT	**PRESENT**
sentir	sentant
PAST	**PAST**
avoir senti	senti

187 SEOIR
to be becoming

PRESENT	IMPERFECT	FUTURE
il sied	il seyait	il siéra
ils siéent	ils seyaient	ils siéront

PAST HISTORIC	PERFECT	PLUPERFECT

PAST ANTERIOR	FUTURE PERFECT	

IMPERATIVE	*CONDITIONAL*	
	PRESENT	**PAST**
	il siérait	
	ils siéraient	

SUBJUNCTIVE		
PRESENT	**IMPERFECT**	**PERFECT**
il siée		
ils siéent		

INFINITIVE	*PARTICIPLE*	
PRESENT	**PRESENT**	
seoir	seyant	
PAST	**PAST**	

SERRER
to tighten

188

PRESENT	IMPERFECT	FUTURE
je serre	je serrais	je serrerai
tu serres	tu serrais	tu serreras
il serre	il serrait	il serrera
nous serrons	nous serrions	nous serrerons
vous serrez	vous serriez	vous serrerez
ils serrent	ils serraient	ils serreront

PAST HISTORIC	PERFECT	PLUPERFECT
je serrai	j'ai serré	j'avais serré
tu serras	tu as serré	tu avais serré
il serra	il a serré	il avait serré
nous serrâmes	nous avons serré	nous avions serré
vous serrâtes	vous avez serré	vous aviez serré
ils serrèrent	ils ont serré	ils avaient serré

PAST ANTERIOR	FUTURE PERFECT
j'eus serré etc	j'aurai serré etc

IMPERATIVE	CONDITIONAL	
	PRESENT	PAST
serre	je serrerais	j'aurais serré
serrons	tu serrerais	tu aurais serré
serrez	il serrerait	il aurait serré
	nous serrerions	nous aurions serré
	vous serreriez	vous auriez serré
	ils serreraient	ils auraient serré

SUBJUNCTIVE

PRESENT	IMPERFECT	PERFECT
je serre	je serrasse	j'aie serré
tu serres	tu serrasses	tu aies serré
il serre	il serrât	il ait serré
nous serrions	nous serrassions	nous ayons serré
vous serriez	vous serrassiez	vous ayez serré
ils serrent	ils serrassent	ils aient serré

INFINITIVE	PARTICIPLE
PRESENT	PRESENT
serrer	serrant
PAST	PAST
avoir serré	serré

SERVIR
to serve

PRESENT	IMPERFECT	FUTURE
je sers	je servais	je servirai
tu sers	tu servais	tu serviras
il sert	il servait	il servira
nous servons	nous servions	nous servirons
vous servez	vous serviez	vous servirez
ils servent	ils servaient	ils serviront

PAST HISTORIC	PERFECT	PLUPERFECT
je servis	j'ai servi	j'avais servi
tu servis	tu as servi	tu avais servi
il servit	il a servi	il avait servi
nous servîmes	nous avons servi	nous avions servi
vous servîtes	vous avez servi	vous aviez servi
ils servirent	ils ont servi	ils avaient servi

PAST ANTERIOR	FUTURE PERFECT
j'eus servi etc	j'aurai servi etc

IMPERATIVE	CONDITIONAL	
	PRESENT	PAST
sers	je servirais	j'aurais servi
servons	tu servirais	tu aurais servi
servez	il servirait	il aurait servi
	nous servirions	nous aurions servi
	vous serviriez	vous auriez servi
	ils serviraient	ils auraient servi

SUBJUNCTIVE

PRESENT	IMPERFECT	PERFECT
je serve	je servisse	j'aie servi
tu serves	tu servisses	tu aies servi
il serve	il servît	il ait servi
nous servions	nous servissions	nous ayons servi
vous serviez	vous servissiez	vous ayez servi
ils servent	ils servissent	ils aient servi

INFINITIVE	PARTICIPLE
PRESENT	PRESENT
servir	servant
PAST	PAST
avoir servi	servi

SEVRER
to wean

PRESENT	IMPERFECT	FUTURE
je sèvre	je sevrais	je sèvrerai
tu sèvres	tu sevrais	tu sèvreras
il sèvre	il sevrait	il sèvrera
nous sevrons	nous sevrions	nous sèvrerons
vous sevrez	vous sevriez	vous sèvrerez
ils sèvrent	ils sevraient	ils sèvreront

PAST HISTORIC	PERFECT	PLUPERFECT
je sevrai	j'ai sevré	j'avais sevré
tu sevras	tu as sevré	tu avais sevré
il sevra	il a sevré	il avait sevré
nous sevrâmes	nous avons sevré	nous avions sevré
vous sevrâtes	vous avez sevré	vous aviez sevré
ils sevrèrent	ils ont sevré	ils avaient sevré

PAST ANTERIOR	FUTURE PERFECT
j'eus sevré etc	j'aurai sevré etc

IMPERATIVE	CONDITIONAL	
	PRESENT	PAST
sèvre	je sèvrerais	j'aurais sevré
sevrons	tu sèvrerais	tu aurais sevré
sevrez	il sèvrerait	il aurait sevré
	nous sèvrerions	nous aurions sevré
	vous sèvreriez	vous auriez sevré
	ils sèvreraient	ils auraient sevré

SUBJUNCTIVE		
PRESENT	IMPERFECT	PERFECT
je sèvre	je sevrasse	j'aie sevré
tu sèvres	tu sevrasses	tu aies sevré
il sèvre	il sevrât	il ait sevré
nous sevrions	nous sevrassions	nous ayons sevré
vous sevriez	vous sevrassiez	vous ayez sevré
ils sèvrent	ils sevrassent	ils aient sevré

INFINITIVE	PARTICIPLE
PRESENT	PRESENT
sevrer	sevrant
PAST	PAST
avoir sevré	sevré

SORTIR
to go out

PRESENT

je sors
tu sors
il sort
nous sortons
vous sortez
ils sortent

IMPERFECT

je sortais
tu sortais
il sortait
nous sortions
vous sortiez
ils sortaient

FUTURE

je sortirai
tu sortiras
il sortira
nous sortirons
vous sortirez
ils sortiront

PAST HISTORIC

je sortis
tu sortis
il sortit
nous sortîmes
vous sortîtes
ils sortirent

PERFECT

je suis sorti
tu es sorti
il est sorti
nous sommes sortis
vous êtes sorti(s)
ils sont sortis

PLUPERFECT

j'étais sorti
tu étais sorti
il était sorti
nous étions sortis
vous étiez sorti(s)
ils étaient sortis

PAST ANTERIOR

je fus sorti etc

FUTURE PERFECT

je serai sorti etc

IMPERATIVE

sors
sortons
sortez

CONDITIONAL

PRESENT

je sortirais
tu sortirais
il sortirait
nous sortirions
vous sortiriez
ils sortiraient

PAST

je serais sorti
tu serais sorti
il serait sorti
nous serions sortis
vous seriez sorti(s)
ils seraient sortis

SUBJUNCTIVE

PRESENT

je sorte
tu sortes
il sorte
nous sortions
vous sortiez
ils sortent

IMPERFECT

je sortisse
tu sortisses
il sortît
nous sortissions
vous sortissiez
ils sortissent

PERFECT

je sois sorti
tu sois sorti
il soit sorti
nous soyons sortis
vous soyez sorti(s)
ils soient sortis

INFINITIVE

PRESENT

sortir

PAST

être sorti

PARTICIPLE

PRESENT

sortant

PAST

sorti

SE SOUVENIR
to remember

192

PRESENT

je me souviens
tu te souviens
il se souvient
nous nous souvenons
vous vous souvenez
ils se souviennent

IMPERFECT

je me souvenais
tu te souvenais
il se souvenait
nous nous souvenions
vous vous souveniez
ils se souvenaient

FUTURE

je me souviendrai
tu te souviendras
il se souviendra
nous nous souviendrons
vous vous souviendrez
ils se souviendront

PAST HISTORIC

je me souvins
tu te souvins
il se souvint
nous nous souvînmes
vous vous souvîntes
ils se souvinrent

PERFECT

je me suis souvenu
tu t'es souvenu
il s'est souvenu
nous ns. sommes souvenus
vous vs. êtes souvenu(s)
ils se sont souvenus

PLUPERFECT

je m'étais souvenu
tu t'étais souvenu
il s'était souvenu
nous ns. étions souvenus
vous vs. étiez souvenu(s)
ils s'étaient souvenus

PAST ANTERIOR

je me fus souvenu etc

FUTURE PERFECT

je me serai souvenu etc

IMPERATIVE

souviens-toi
souvenons-nous
souvenez-vous

CONDITIONAL

PRESENT

je me souviendrais
tu te souviendrais
il se souviendrait
nous ns. souviendrions
vous vous souviendriez
ils se souviendraient

PAST

je me serais souvenu
tu te serais souvenu
il se serait souvenu
nous ns. serions souvenus
vous vs. seriez souvenu(s)
ils se seraient souvenus

SUBJUNCTIVE

PRESENT

je me souvienne
tu te souviennes
il se souvienne
nous nous souvenions
vous vous souveniez
ils se souviennent

IMPERFECT

je me souvinsse
tu te souvinsses
il se souvînt
nous nous souvinssions
vous vous souvinssiez
ils se souvinssent

PERFECT

je me sois souvenu
tu te sois souvenu
il se soit souvenu
nous ns. soyons souvenus
vous vs. soyez souvenu(s)
ils se soient souvenus

INFINITIVE

PRESENT

se souvenir

PAST

s'être souvenu

PARTICIPLE

PRESENT

se souvenant

PAST

souvenu

193   **STUPEFAIRE**
to astound

PRESENT	IMPERFECT	FUTURE
il stupéfait		

PAST HISTORIC	PERFECT	PLUPERFECT
	j'ai stupéfait	j'avais stupéfait
	tu as stupéfait	tu avais stupéfait
	il a stupéfait	il avait stupéfait
	nous avons stupéfait	nous avions stupéfait
	vous avez stupéfait	vous aviez stupéfait
	ils ont stupéfait	ils avaient stupéfait

PAST ANTERIOR	FUTURE PERFECT
j'eus stupéfait etc	j'aurai stupéfait etc

IMPERATIVE	*CONDITIONAL*	
	PRESENT	PAST
		j'aurais stupéfait
		tu aurais stupéfait
		il aurait stupéfait
		nous aurions stupéfait
		vous auriez stupéfait
		ils auraient stupéfait

SUBJUNCTIVE		
PRESENT	IMPERFECT	PERFECT
		j'aie stupéfait
		tu aies stupéfait
		il ait stupéfait
		nous ayons stupéfait
		vous ayez stupéfait
		ils aient stupéfait

INFINITIVE	*PARTICIPLE*
PRESENT	PRESENT
stupéfaire	
PAST	PAST
avoir stupéfait	stupéfait

SUFFIRE
to be sufficient

PRESENT	IMPERFECT	FUTURE
je suffis	je suffisais	je suffirai
tu suffis	tu suffisais	tu suffiras
il suffit	il suffisait	il suffira
nous suffisons	nous suffisions	nous suffirons
vous suffisez	vous suffisiez	vous suffirez
ils suffisent	ils suffisaient	ils suffiront

PAST HISTORIC	PERFECT	PLUPERFECT
je suffis	j'ai suffi	j'avais suffi
tu suffis	tu as suffi	tu avais suffi
il suffit	il a suffi	il avait suffi
nous suffîmes	nous avons suffi	nous avions suffi
vous suffîtes	vous avez suffi	vous aviez suffi
ils suffirent	ils ont suffi	ils avaient suffi

PAST ANTERIOR	FUTURE PERFECT
j'eus suffi etc	j'aurai suffi etc

IMPERATIVE	CONDITIONAL	
	PRESENT	PAST
suffis	je suffirais	j'aurais suffi
suffisons	tu suffirais	tu aurais suffi
suffisez	il suffirait	il aurait suffi
	nous suffirions	nous aurions suffi
	vous suffiriez	vous auriez suffi
	ils suffiraient	ils auraient suffi

SUBJUNCTIVE

PRESENT	IMPERFECT	PERFECT
je suffise	je suffisse	j'aie suffi
tu suffises	tu suffisses	tu aies suffi
il suffise	il suffît	il ait suffi
nous suffisions	nous suffissions	nous ayons suffi
vous suffisiez	vous suffissiez	vous ayez suffi
ils suffisent	ils suffissent	ils aient suffi

INFINITIVE	PARTICIPLE	NOTE
PRESENT	PRESENT	circoncire: *past participle*
suffire	suffisant	circoncis
PAST	PAST	
avoir suffi	suffi	

SUIVRE
to follow

PRESENT	IMPERFECT	FUTURE
je suis	je suivais	je suivrai
tu suis	tu suivais	tu suivras
il suit	il suivait	il suivra
nous suivons	nous suivions	nous suivrons
vous suivez	vous suiviez	vous suivrez
ils suivent	ils suivaient	ils suivront

PAST HISTORIC	PERFECT	PLUPERFECT
je suivis	j'ai suivi	j'avais suivi
tu suivis	tu as suivi	tu avais suivi
il suivit	il a suivi	il avait suivi
nous suivîmes	nous avons suivi	nous avions suivi
vous suivîtes	vous avez suivi	vous aviez suivi
ils suivirent	ils ont suivi	ils avaient suivi

PAST ANTERIOR	FUTURE PERFECT
j'eus suivi etc	j'aurai suivi etc

IMPERATIVE	CONDITIONAL	
	PRESENT	PAST
suis	je suivrais	j'aurais suivi
suivons	tu suivrais	tu aurais suivi
suivez	il suivrait	il aurait suivi
	nous suivrions	nous aurions suivi
	vous suivriez	vous auriez suivi
	ils suivraient	ils auraient suivi

SUBJUNCTIVE		
PRESENT	IMPERFECT	PERFECT
je suive	je suivisse	j'aie suivi
tu suives	tu suivisses	tu aies suivi
il suive	il suivît	il ait suivi
nous suivions	nous suivissions	nous ayons suivi
vous suiviez	vous suivissiez	vous ayez suivi
ils suivent	ils suivissent	ils aient suivi

INFINITIVE	PARTICIPLE
PRESENT	PRESENT
suivre	suivant
PAST	PAST
avoir suivi	suivi

PRESENT

je sursois
tu sursois
il sursoit
nous sursoyons
vous sursoyez
ils sursoient

IMPERFECT

je sursoyais
tu sursoyais
il sursoyait
nous sursoyions
vous sursoyiez
ils sursoyaient

FUTURE

je surseoirai
tu surseoiras
il surseoira
nous surseoirons
vous surseoirez
ils surseoiront

PAST HISTORIC

je sursis
tu sursis
il sursit
nous sursîmes
vous sursîtes
ils sursirent

PERFECT

j'ai sursis
tu as sursis
il a sursis
nous avons sursis
vous avez sursis
ils ont sursis

PLUPERFECT

j'avais sursis
tu avais sursis
il avait sursis
nous avions sursis
vous aviez sursis
ils avaient sursis

PAST ANTERIOR

j'eus sursis etc

FUTURE PERFECT

j'aurai sursis etc

IMPERATIVE

sursois
sursoyons
sursoyez

CONDITIONAL

PRESENT

je surseoirais
tu surseoirais
il surseoirait
nous surseoirions
vous surseoiriez
ils surseoiraient

PAST

j'aurais sursis
tu aurais sursis
il aurait sursis
nous aurions sursis
vous auriez sursis
ils auraient sursis

SUBJUNCTIVE

PRESENT

je sursoie
tu sursoies
il sursoie
nous sursoyions
vous sursoyiez
ils sursoient

IMPERFECT

je sursisse
tu sursisses
il sursît
nous sursissions
vous sursissiez
ils sursissent

PERFECT

j'aie sursis
tu aies sursis
il ait sursis
nous ayons sursis
vous ayez sursis
ils aient sursis

INFINITIVE

PRESENT

surseoir

PAST

avoir sursis

PARTICIPLE

PRESENT

sursoyant

PAST

sursis

SE TAIRE
to keep quiet

PRESENT

je me tais
tu te tais
il se tait
nous nous taisons
vous vous taisez
ils se taisent

IMPERFECT

je me taisais
tu te taisais
il se taisait
nous nous taisions
vous vous taisiez
ils se taisaient

FUTURE

je me tairai
tu te tairas
il se taira
nous nous tairons
vous vous tairez
ils se tairont

PAST HISTORIC

je me tus
tu te tus
il se tut
nous nous tûmes
vous vous tûtes
ils se turent

PERFECT

je me suis tu
tu t'es tu
il s'est tu
nous nous sommes tus
vous vous êtes tu(s)
ils se sont tus

PLUPERFECT

je m'étais tu
tu t'étais tu
il s'était tu
nous nous étions tus
vous vous étiez tu(s)
ils s'étaient tus

PAST ANTERIOR

je me fus tu etc

FUTURE PERFECT

je me serai tu etc

IMPERATIVE

tais-toi
taisons-nous
taisez-vous

CONDITIONAL

PRESENT

je me tairais
tu te tairais
il se tairait
nous nous tairions
vous vous tairiez
ils se tairaient

PAST

je me serais tu
tu te serais tu
il se serait tu
nous nous serions tus
vous vous seriez tu(s)
ils se seraient tus

SUBJUNCTIVE

PRESENT

je me taise
tu te taises
il se taise
nous nous taisions
vous vous taisiez
ils se taisent

IMPERFECT

je me tusse
tu te tusses
il se tût
nous nous tussions
vous vous tussiez
ils se tussent

PERFECT

je me sois tu
tu te sois tu
il se soit tu
nous nous soyons tus
vous vous soyez tu(s)
ils se soient tus

INFINITIVE

PRESENT

se taire

PAST

s'être tu

PARTICIPLE

PRESENT

se taisant

PAST

tu

TENIR
to hold

PRESENT	IMPERFECT	FUTURE
je tiens	je tenais	je tiendrai
tu tiens	tu tenais	tu tiendras
il tient	il tenait	il tiendra
nous tenons	nous tenions	nous tiendrons
vous tenez	vous teniez	vous tiendrez
ils tiennent	ils tenaient	ils tiendront

PAST HISTORIC	PERFECT	PLUPERFECT
je tins	j'ai tenu	j'avais tenu
tu tins	tu as tenu	tu avais tenu
il tint	il a tenu	il avait tenu
nous tînmes	nous avons tenu	nous avions tenu
vous tîntes	vous avez tenu	vous aviez tenu
ils tinrent	ils ont tenu	ils avaient tenu

PAST ANTERIOR	FUTURE PERFECT
j'eus tenu etc	j'aurai tenu etc

IMPERATIVE	CONDITIONAL	
	PRESENT	PAST
tiens	je tiendrais	j'aurais tenu
tenons	tu tiendrais	tu aurais tenu
tenez	il tiendrait	il aurait tenu
	nous tiendrions	nous aurions tenu
	vous tiendriez	vous auriez tenu
	ils tiendraient	ils auraient tenu

SUBJUNCTIVE

PRESENT	IMPERFECT	PERFECT
je tienne	je tinsse	j'aie tenu
tu tiennes	tu tinsses	tu aies tenu
il tienne	il tînt	il ait tenu
nous tenions	nous tinssions	nous ayons tenu
vous teniez	vous tinssiez	vous ayez tenu
ils tiennent	ils tinssent	ils aient tenu

INFINITIVE	PARTICIPLE
PRESENT	PRESENT
tenir	tenant
PAST	PAST
avoir tenu	tenu

TOMBER
to fall

PRESENT	IMPERFECT	FUTURE
je tombe	je tombais	je tomberai
tu tombes	tu tombais	tu tomberas
il tombe	il tombait	il tombera
nous tombons	nous tombions	nous tomberons
vous tombez	vous tombiez	vous tomberez
ils tombent	ils tombaient	ils tomberont

PAST HISTORIC	PERFECT	PLUPERFECT
je tombai	je suis tombé	j'étais tombé
tu tombas	tu es tombé	tu étais tombé
il tomba	il est tombé	il était tombé
nous tombâmes	nous sommes tombés	nous étions tombés
vous tombâtes	vous êtes tombé(s)	vous étiez tombé(s)
ils tombèrent	ils sont tombés	ils étaient tombés

PAST ANTERIOR	FUTURE PERFECT
je fus tombé etc	je serai tombé etc

IMPERATIVE	CONDITIONAL	
	PRESENT	PAST
tombe	je tomberais	je serais tombé
tombons	tu tomberais	tu serais tombé
tombez	il tomberait	il serait tombé
	nous tomberions	nous serions tombés
	vous tomberiez	vous seriez tombé(s)
	ils tomberaient	ils seraient tombés

SUBJUNCTIVE		
PRESENT	IMPERFECT	PERFECT
je tombe	je tombasse	je sois tombé
tu tombes	tu tombasses	tu sois tombé
il tombe	il tombât	il soit tombé
nous tombions	nous tombassions	nous soyons tombés
vous tombiez	vous tombassiez	vous soyez tombé(s)
ils tombent	ils tombassent	ils soient tombés

INFINITIVE	PARTICIPLE
PRESENT	PRESENT
tomber	tombant
PAST	PAST
être tombé	tombé

TRADUIRE
to translate

PRESENT	**IMPERFECT**	**FUTURE**
je traduis	je traduisais	je traduirai
tu traduis	tu traduisais	tu traduiras
il traduit	il traduisait	il traduira
nous traduisons	nous traduisions	nous traduirons
vous traduisez	vous traduisiez	vous traduirez
ils traduisent	ils traduisaient	ils traduiront

PAST HISTORIC	**PERFECT**	**PLUPERFECT**
je traduisis	j'ai traduit	j'avais traduit
tu traduisis	tu as traduit	tu avais traduit
il traduisit	il a traduit	il avait traduit
nous traduisîmes	nous avons traduit	nous avions traduit
vous traduisîtes	vous avez traduit	vous aviez traduit
ils traduisirent	ils ont traduit	ils avaient traduit

PAST ANTERIOR	**FUTURE PERFECT**
j'eus traduit etc	j'aurai traduit etc

IMPERATIVE	*CONDITIONAL*	
	PRESENT	**PAST**
traduis	je traduirais	j'aurais traduit
traduisons	tu traduirais	tu aurais traduit
traduisez	il traduirait	il aurait traduit
	nous traduirions	nous aurions traduit
	vous traduiriez	vous auriez traduit
	ils traduiraient	ils auraient traduit

SUBJUNCTIVE

PRESENT	**IMPERFECT**	**PERFECT**
je traduise	je traduisisse	j'aie traduit
tu traduises	tu traduisisses	tu aies traduit
il traduise	il traduisît	il soit traduit
nous traduisions	nous traduisissions	nous ayons traduit
vous traduisiez	vous traduisissiez	vous ayez traduit
ils traduisent	ils traduisissent	ils aient traduit

INFINITIVE	*PARTICIPLE*
PRESENT	**PRESENT**
traduire	traduisant
PAST	**PAST**
avoir traduit	traduit

TRAVAILLER
to work

PRESENT	IMPERFECT	FUTURE
je travaille	je travaillais	je travaillerai
tu travailles	tu travaillais	tu travailleras
il travaille	il travaillait	il travaillera
nous travaillons	nous travaillions	nous travaillerons
vous travaillez	vous travailliez	vous travaillerez
ils travaillent	ils travaillaient	ils travailleront

PAST HISTORIC	PERFECT	PLUPERFECT
je travaillai	j'ai travaillé	j'avais travaillé
tu travaillas	tu as travaillé	tu avais travaillé
il travailla	il a travaillé	il avait travaillé
nous travaillâmes	nous avons travaillé	nous avions travaillé
vous travaillâtes	vous avez travaillé	vous aviez travaillé
ils travaillèrent	ils ont travaillé	ils avaient travaillé

PAST ANTERIOR	FUTURE PERFECT
j'eus travaillé etc	j'aurai travaillé etc

IMPERATIVE	CONDITIONAL	
	PRESENT	PAST
travaille	je travaillerais	j'aurais travaillé
travaillons	tu travaillerais	tu aurais travaillé
travaillez	il travaillerait	il aurait travaillé
	nous travaillerions	nous aurions travaillé
	vous travailleriez	vous auriez travaillé
	ils travailleraient	ils auraient travaillé

SUBJUNCTIVE

PRESENT	IMPERFECT	PERFECT
je travaille	je travaillasse	j'aie travaillé
tu travailles	tu travaillasses	tu aies travaillé
il travaille	il travaillât	il ait travaillé
nous travaillions	nous travaillassions	nous ayons travaillé
vous travailliez	vous travaillassiez	vous ayez travaillé
ils travaillent	ils travaillassent	ils aient travaillé

INFINITIVE	PARTICIPLE
PRESENT	PRESENT
travailler	travaillant
PAST	PAST
avoir travaillé	travaillé

PRESENT

je tue
tu tues
il tue
nous tuons
vous tuez
ils tuent

IMPERFECT

je tuais
tu tuais
il tuait
nous tuions
vous tuiez
ils tuaient

FUTURE

je tuerai
tu tueras
il tuera
nous tuerons
vous tuerez
ils tueront

PAST HISTORIC

je tuai
tu tuas
il tua
nous tuâmes
vous tuâtes
ils tuèrent

PERFECT

j'ai tué
tu as tué
il a tué
nous avons tué
vous avez tué
ils ont tué

PLUPERFECT

j'avais tué
tu avais tué
il avait tué
nous avions tué
vous aviez tué
ils avaient tué

PAST ANTERIOR

j'eus tué etc

FUTURE PERFECT

j'aurai tué etc

IMPERATIVE

tue
tuons
tuez

CONDITIONAL

PRESENT

je tuerais
tu tuerais
il tuerait
nous tuerions
vous tueriez
ils tueraient

PAST

j'aurais tué
tu aurais tué
il aurait tué
nous aurions tué
vous auriez tué
ils auraient tué

SUBJUNCTIVE

PRESENT

je tue
tu tues
il tue
nous tuions
vous tuiez
ils tuent

IMPERFECT

je tuasse
tu tuasses
il tuât
nous tuassions
vous tuassiez
ils tuassent

PERFECT

j'aie tué
tu aies tué
il ait tué
nous ayons tué
vous ayez tué
ils aient tué

INFINITIVE

PRESENT

tuer

PAST

avoir tué

PARTICIPLE

PRESENT

tuant

PAST

tué

VAINCRE
to defeat

PRESENT	**IMPERFECT**	**FUTURE**
je vaincs	je vainquais	je vaincrai
tu vaincs	tu vainquais	tu vaincras
il vainc	il vainquait	il vaincra
nous vainquons	nous vainquions	nous vaincrons
vous vainquez	vous vainquiez	vous vaincrez
ils vainquent	ils vainquaient	ils vaincront

PAST HISTORIC	**PERFECT**	**PLUPERFECT**
je vainquis	j'ai vaincu	j'avais vaincu
tu vainquis	tu as vaincu	tu avais vaincu
il vainquit	il a vaincu	il avait vaincu
nous vainquîmes	nous avons vaincu	nous avions vaincu
vous vainquîtes	vous avez vaincu	vous aviez vaincu
ils vainquirent	ils ont vaincu	ils avaient vaincu

PAST ANTERIOR	**FUTURE PERFECT**
j'eus vaincu etc	j'aurai vaincu etc

IMPERATIVE	*CONDITIONAL*	
	PRESENT	**PAST**
vaincs	je vaincrais	j'aurais vaincu
vainquons	tu vaincrais	tu aurais vaincu
vainquez	il vaincrait	il aurait vaincu
	nous vaincrions	nous aurions vaincu
	vous vaincriez	vous auriez vaincu
	ils vaincraient	ils auraient vaincu

SUBJUNCTIVE		
PRESENT	**IMPERFECT**	**PERFECT**
je vainque	je vainquisse	j'aie vaincu
tu vainques	tu vainquisses	tu aies vaincu
il vainque	il vainquît	il ait vaincu
nous vainquions	nous vainquissions	nous ayons vaincu
vous vainquiez	vous vainquissiez	vous ayez vaincu
ils vainquent	ils vainquissent	ils aient vaincu

INFINITIVE	*PARTICIPLE*
PRESENT	**PRESENT**
vaincre	vainquant
PAST	**PAST**
avoir vaincu	vaincu

VALOIR
to be worth

204

PRESENT	IMPERFECT	FUTURE
je vaux	je valais	je vaudrai
tu vaux	tu valais	tu vaudras
il vaut	il valait	il vaudra
nous valons	nous valions	nous vaudrons
vous valez	vous valiez	vous vaudrez
ils valent	ils valaient	ils vaudront

PAST HISTORIC	PERFECT	PLUPERFECT
je valus	j'ai valu	j'avais valu
tu valus	tu as valu	tu avais valu
il valut	il a valu	il avait valu
nous valûmes	nous avons valu	nous avions valu
vous valûtes	vous avez valu	vous aviez valu
ils valurent	ils ont valu	ils avaient valu

PAST ANTERIOR	FUTURE PERFECT
j'eus valu etc	j'aurai valu etc

IMPERATIVE	CONDITIONAL	
	PRESENT	PAST
vaux	je vaudrais	j'aurais valu
valons	tu vaudrais	tu aurais valu
valez	il vaudrait	il aurait valu
	nous vaudrions	nous aurions valu
	vous vaudriez	vous auriez valu
	ils vaudraient	ils auraient valu

SUBJUNCTIVE

PRESENT	IMPERFECT	PERFECT
je vaille	je valusse	j'aie valu
tu vailles	tu valusses	tu aies valu
il vaille	il valût	il ait valu
nous valions	nous valussions	nous ayons valu
vous valiez	vous valussiez	vous ayez valu
ils vaillent	ils valussent	ils aient valu

INFINITIVE	PARTICIPLE
PRESENT	PRESENT
valoir	valant
PAST	PAST
avoir valu	valu

VENDRE
to sell

PRESENT	IMPERFECT	FUTURE
je vends	je vendais	je vendrai
tu vends	tu vendais	tu vendras
il vend	il vendait	il vendra
nous vendons	nous vendions	nous vendrons
vous vendez	vous vendiez	vous vendrez
ils vendent	ils vendaient	ils vendront

PAST HISTORIC	PERFECT	PLUPERFECT
je vendis	j'ai vendu	j'avais vendu
tu vendis	tu as vendu	tu avais vendu
il vendit	il a vendu	il avait vendu
nous vendîmes	nous avons vendu	nous avions vendu
vous vendîtes	vous avez vendu	vous aviez vendu
ils vendirent	ils ont vendu	ils avaient vendu

PAST ANTERIOR	FUTURE PERFECT
j'eus vendu etc	j'aurai vendu etc

IMPERATIVE	CONDITIONAL	
	PRESENT	PAST
vends	je vendrais	j'aurais vendu
vendons	tu vendrais	tu aurais vendu
vendez	il vendrait	il aurait vendu
	nous vendrions	nous aurions vendu
	vous vendriez	vous auriez vendu
	ils vendraient	ils auraient vendu

SUBJUNCTIVE

PRESENT	IMPERFECT	PERFECT
je vende	je vendisse	j'aie vendu
tu vendes	tu vendisses	tu aies vendu
il vende	il vendît	il ait vendu
nous vendions	nous vendissions	nous ayons vendu
vous vendiez	vous vendissiez	vous ayez vendu
ils vendent	ils vendissent	ils aient vendu

INFINITIVE	PARTICIPLE
PRESENT	PRESENT
vendre	vendant
PAST	PAST
avoir vendu	vendu

PRESENT	IMPERFECT	FUTURE
je viens	je venais	je viendrai
tu viens	tu venais	tu viendras
il vient	il venait	il viendra
nous venons	nous venions	nous viendrons
vous venez	vous veniez	vous viendrez
ils viennent	ils venaient	ils viendront

PAST HISTORIC	PERFECT	PLUPERFECT
je vins	je suis venu	j'étais venu
tu vins	tu es venu	tu étais venu
il vint	il est venu	il était venu
nous vînmes	nous sommes venus	nous étions venus
vous vîntes	vous êtes venu(s)	vous étiez venu(s)
ils vinrent	ils sont venus	ils étaient venus

PAST ANTERIOR	FUTURE PERFECT
je fus venu etc	je serai venu etc

IMPERATIVE	*CONDITIONAL*	
	PRESENT	PAST
viens	je viendrais	je serais venu
venons	tu viendrais	tu serais venu
venez	il viendrait	il serait venu
	nous viendrions	nous serions venus
	vous viendriez	vous seriez venu(s)
	ils viendraient	ils seraient venus

SUBJUNCTIVE

PRESENT	IMPERFECT	PERFECT
je vienne	je vinsse	je sois venu
tu viennes	tu vinsses	tu sois venu
il vienne	il vînt	il soit venu
nous venions	nous vinssions	nous soyons venus
vous veniez	vous vinssiez	vous soyez venu(s)
ils viennent	ils vinssent	ils soient venus

INFINITIVE	*PARTICIPLE*
PRESENT	PRESENT
venir	venant
PAST	PAST
être venu	venu

207   VETIR
to dress

PRESENT	IMPERFECT	FUTURE
je vêts	je vêtais	je vêtirai
tu vêts	tu vêtais	tu vêtiras
il vêt	il vêtait	il vêtira
nous vêtons	nous vêtions	nous vêtirons
vous vêtez	vous vêtiez	vous vêtirez
ils vêtent	ils vêtaient	ils vêtiront

PAST HISTORIC	PERFECT	PLUPERFECT
je vêtis	j'ai vêtu	j'avais vêtu
tu vêtis	tu as vêtu	tu avais vêtu
il vêtit	il a vêtu	il avait vêtu
nous vêtîmes	nous avons vêtu	nous avions vêtu
vous vêtîtes	vous avez vêtu	vous aviez vêtu
ils vêtirent	ils ont vêtu	ils avaient vêtu

PAST ANTERIOR	FUTURE PERFECT
j'eus vêtu etc	j'aurai vêtu etc

IMPERATIVE	CONDITIONAL	
	PRESENT	PAST
vêts	je vêtirais	j'aurais vêtu
vêtons	tu vêtirais	tu aurais vêtu
vêtez	il vêtirait	il aurait vêtu
	nous vêtirions	nous aurions vêtu
	vous vêtiriez	vous auriez vêtu
	ils vêtiraient	ils auraient vêtu

SUBJUNCTIVE		
PRESENT	IMPERFECT	PERFECT
je vête	je vêtisse	j'aie vêtu
tu vêtes	tu vêtisses	tu aies vêtu
il vête	il vêtît	il ait vêtu
nous vêtions	nous vêtissions	nous ayons vêtu
vous vêtiez	vous vêtissiez	vous ayez vêtu
ils vêtent	ils vêtissent	ils aient vêtu

INFINITIVE	PARTICIPLE
PRESENT	PRESENT
vêtir	vêtant
PAST	PAST
avoir vêtu	vêtu

VIVRE
to live

PRESENT
je vis
tu vis
il vit
nous vivons
vous vivez
ils vivent

IMPERFECT
je vivais
tu vivais
il vivait
nous vivions
vous viviez
ils vivaient

FUTURE
je vivrai
tu vivras
il vivra
nous vivrons
vous vivrez
ils vivront

PAST HISTORIC
je vécus
tu vécus
il vécut
nous vécûmes
vous vécûtes
ils vécurent

PERFECT
j'ai vécu
tu as vécu
il a vécu
nous avons vécu
vous avez vécu
ils ont vécu

PLUPERFECT
j'avais vécu
tu avais vécu
il avait vécu
nous avions vécu
vous aviez vécu
ils avaient vécu

PAST ANTERIOR
j'eus vécu etc

FUTURE PERFECT
j'aurai vécu etc

IMPERATIVE

vis
vivons
vivez

CONDITIONAL
PRESENT
je vivrais
tu vivrais
il vivrait
nous vivrions
vous vivriez
ils vivraient

PAST
j'aurais vécu
tu aurais vécu
il aurait vécu
nous aurions vécu
vous auriez vécu
ils auraient vécu

SUBJUNCTIVE
PRESENT
je vive
tu vives
il vive
nous vivions
vous viviez
ils vivent

IMPERFECT
je vécusse
tu vécusses
il vécût
nous vécussions
vous vécussiez
ils vécussent

PERFECT
j'aie vécu
tu aies vécu
il ait vécu
nous ayons vécu
vous ayez vécu
ils aient vécu

INFINITIVE
PRESENT
vivre
PAST
avoir vécu

PARTICIPLE
PRESENT
vivant
PAST
vécu

VOIR
to see

PRESENT	IMPERFECT	FUTURE
je vois	je voyais	je verrai
tu vois	tu voyais	tu verras
il voit	il voyait	il verra
nous voyons	nous voyions	nous verrons
vous voyez	vous voyiez	vous verrez
ils voient	ils voyaient	ils verront

PAST HISTORIC	PERFECT	PLUPERFECT
je vis	j'ai vu	j'avais vu
tu vis	tu as vu	tu avais vu
il vit	il a vu	il avait vu
nous vîmes	nous avons vu	nous avions vu
vous vîtes	vous avez vu	vous aviez vu
ils virent	ils ont vu	ils avaient vu

PAST ANTERIOR	FUTURE PERFECT
j'eus vu etc	j'aurai vu etc

IMPERATIVE	CONDITIONAL	
	PRESENT	PAST
vois	je verrais	j'aurais vu
voyons	tu verrais	tu aurais vu
voyez	il verrait	il aurait vu
	nous verrions	nous aurions vu
	vous verriez	vous auriez vu
	ils verraient	ils auraient vu

SUBJUNCTIVE		
PRESENT	IMPERFECT	PERFECT
je voie	je visse	j'aie vu
tu voies	tu visses	tu aies vu
il voie	il vît	il ait vu
nous voyions	nous vissions	nous ayons vu
vous voyiez	vous vissiez	vous ayez vu
ils voient	ils vissent	ils aient vu

INFINITIVE	PARTICIPLE
PRESENT	PRESENT
voir	voyant
PAST	PAST
avoir vu	vu

VOULOIR
to want

PRESENT	IMPERFECT	FUTURE
je veux	je voulais	je voudrai
tu veux	tu voulais	tu voudras
il veut	il voulait	il voudra
nous voulons	nous voulions	nous voudrons
vous voulez	vous vouliez	vous voudrez
ils veulent	ils voulaient	ils voudront

PAST HISTORIC	PERFECT	PLUPERFECT
je voulus	j'ai voulu	j'avais voulu
tu voulus	tu as voulu	tu avais voulu
il voulut	il a voulu	il avait voulu
nous voulûmes	nous avons voulu	nous avions voulu
vous voulûtes	vous avez voulu	vous aviez voulu
ils voulurent	ils ont voulu	ils avaient voulu

PAST ANTERIOR	FUTURE PERFECT
j'eus voulu etc	j'aurai voulu etc

IMPERATIVE	CONDITIONAL	
	PRESENT	PAST
veuille	je voudrais	j'aurais voulu
veuillons	tu voudrais	tu aurais voulu
veuillez	il voudrait	il aurait voulu
	nous voudrions	nous aurions voulu
	vous voudriez	vous auriez voulu
	ils voudraient	ils auraient voulu

SUBJUNCTIVE

PRESENT	IMPERFECT	PERFECT
je veuille	je voulusse	j'aie voulu
tu veuilles	tu voulusses	tu aies voulu
il veuille	il voulût	il ait voulu
nous voulions	nous voulussions	nous ayons voulu
vous vouliez	vous voulussiez	vous ayez voulu
ils veuillent	ils voulussent	ils aient voulu

INFINITIVE	PARTICIPLE
PRESENT	PRESENT
vouloir	voulant
PAST	PAST
avoir voulu	voulu

ACCROIRE
to believe

INFINITIVE
PRESENT
accroire

APPAROIR
to appear

PRESENT
il appert

INFINITIVE
PRESENT
apparoir

OUIR
to hear

INFINITIVE
PRESENT
ouïr

PARTICIPLE
PAST
ouï

INDEX

The verbs given in full in the tables on the preceding pages are used as models for all other French verbs given in this index. The number in the index is that of the corresponding *verb table*.

Bold type denotes a verb that is given as a model itself.

A second number in brackets refers to a reflexive verb model or to the model for a verb starting with an 'h' (indicating whether it is aspirated or not).

An N in brackets refers to a footnote in the model verb table.

Reflexive verbs are listed alphabetically under the simple verb form and the reflexive pronoun (se or s') is given in brackets.

We have indicated in the footnotes the few cases where a verb does not have the same auxiliary as its model.

INDEX

INDEX

INDEX

INDEX

INDEX

INDEX

INDEX

INDEX

INDEX

INDEX

INTERPELLER
to call out to

PRESENT

j'interpelle
tu interpelles
il interpelle
nous interpellons
vous interpellez
ils interpellent

IMPERFECT

j'interpellais
tu interpellais
il interpellait
nous interpellions
vous interpelliez
ils interpellaient

FUTURE

j'interpellerai
tu interpelleras
il interpellera
nous interpellerons
vous interpellerez
ils interpelleront

PAST HISTORIC

j'interpellai
tu interpellas
il interpella
nous interpellâmes
vous interpellâtes
ils interpellèrent

PERFECT

j'ai interpellé
tu as interpellé
il a interpellé
nous avons interpellé
vous avez interpellé
ils ont interpellé

PLUPERFECT

j'avais interpellé
tu avais interpellé
il avait interpellé
nous avions interpellé
vous aviez interpellé
ils avaient interpellé

PAST ANTERIOR

j'eus interpellé etc

FUTURE PERFECT

j'aurai interpellé etc

IMPERATIVE

interpelle
interpellons
interpellez

CONDITIONAL
PRESENT

j'interpellerais
tu interpellerais
il interpellerait
nous interpellerions
vous interpelleriez
ils interpelleraient

PAST

j'aurais interpellé
tu aurais interpellé
il aurait interpellé
nous aurions interpellé
vous auriez interpellé
ils auraient interpellé

SUBJUNCTIVE
PRESENT

j'interpelle
tu interpelles
il interpelle
nous interpellions
vous interpelliez
ils interpellent

IMPERFECT

j'interpellasse
tu interpellasses
il interpellât
nous interpellassions
vous interpellassiez
ils interpellassent

PERFECT

j'aie interpellé
tu aies interpellé
il ait interpellé
nous ayons interpellé
vous ayez interpellé
ils aient interpellé

INFINITIVE
PRESENT

interpeller

PAST

avoir interpellé

PARTICIPLE
PRESENT

interpellant

PAST

interpellé

107 INTRODUIRE
to introduce

PRESENT	**IMPERFECT**	**FUTURE**
j'introduis	j'introduisais	j'introduirai
tu introduis	tu introduisais	tu introduiras
il introduit	il introduisait	il introduira
nous introduisons	nous introduisions	nous introduirons
vous introduisez	vous introduisiez	vous introduirez
ils introduisent	ils introduisaient	ils introduiront

PAST HISTORIC	**PERFECT**	**PLUPERFECT**
j'introduisis	j'ai introduit	j'avais introduit
tu introduisis	tu as introduit	tu avais introduit
il introduisit	il a introduit	il avait introduit
nous introduisîmes	nous avons introduit	nous avions introduit
vous introduisîtes	vous avez introduit	vous aviez introduit
ils introduisirent	ils ont introduit	ils avaient introduit

PAST ANTERIOR	**FUTURE PERFECT**
j'eus introduit etc	j'aurai introduit etc

IMPERATIVE	*CONDITIONAL*	
	PRESENT	**PAST**
introduis	j'introduirais	j'aurais introduit
introduisons	tu introduirais	tu aurais introduit
introduisez	il introduirait	il aurait introduit
	nous introduirions	nous aurions introduit
	vous introduiriez	vous auriez introduit
	ils introduiraient	ils auraient introduit

SUBJUNCTIVE		
PRESENT	**IMPERFECT**	**PERFECT**
j'introduise	j'introduisisse	j'aie introduit
tu introduises	tu introduisisses	tu aies introduit
il introduise	il introduisît	il ait introduit
nous introduisions	nous introduisissions	nous ayons introduit
vous introduisiez	vous introduisissiez	vous ayez introduit
ils introduisent	ils introduisissent	ils aient introduit

INFINITIVE	*PARTICIPLE*
PRESENT	**PRESENT**
introduire	introduisant
PAST	**PAST**
avoir introduit	introduit